WIZARD

You Can Still

株で200万ドル儲けた「ボックス理論」の原理原則

いつ買い、いつ売るかを教えてくれるダーカード

by Nicolas Darvas

Make It In The Market

ニコラス
長岡半太郎

JN200365

Pan Rolling

You Can Still Make It In The Market
by Nicolas Darvas

監修者まえがき

本書は、伝説の相場師ニコラス・ダーバスの著した〝You Can Still Make It In The Market〟の邦訳である。ダーバスの著書としては『**私は株で200万ドル儲けた**』（パンローリング）があまりに有名であるが、本書もそれに負けず劣らず素晴らしい相場書に仕上がっている。私のようなダーバスのファンだけではなく多くの投資家がこれを興味深く読まれることと思う。

ここで両者の違いを解説しておくと、前著が、ダーバスの投資家としての成長の軌跡を振り返りながら、ボックス理論に代表される彼独自の投資戦略の解説したものであったのに対し、本書はすでに成功した投資家としての視点から、経糸《たていと》としてボックス理論の実践に使う「ダーカード」の考案過程と利用法を示したことに加え、緯糸《よこいと》にほかの投資家の銘柄選択や行動をダーバスが調査分析した経験を配置したものである。私個人はダーバスがほかの投資家たちにインタビュー調査を行うくだりを大変面白く読んだ。

この意思決定のための支援ツールである「ダーカード」については、現代の情報過多の投資環境においては、あまりにシンプルすぎて物足りなく感じる方もおられるかもしれない。しかし、流通している投資関連情報のほとんどは単なるノイズか、あるいは何らかの意図があって流布されたものである。堅牢で一貫した投資においては、今も昔も参照すべき情報は一枚のカードに図示できるくらいの量でちょうど良いのではないか。

最後に、翻訳にあたっては以下の方々にお礼を申し上げたい。山口雅裕氏は正確な翻訳を行っていただいた。そして阿部達郎氏には丁寧な編集・校正を行っていただいた。また、また本書が発行される機会を得たのはパンローリング社社長の後藤康徳氏のおかげである。

二〇一九年一〇月

長岡半太郎

目次

第2部　自分のルールを確立し、それを守る

「株価の動きを表す独自の方法を考えていたとき、私の頭にあったのは、ポケットに入れて持ち歩けて、毎日の終値と照らし合わせることができるシンプルなものだった。それは、ハガキほどの大きさだが、買うか、売るか、保有し続けるかについて、私の理論に基づく投資判断に必要なすべての情報や独自の指示が含まれている。要するに、それは私の手法を簡潔かつ視覚的に表したものであるべきだと考えた。それが手がかりとなり、私はそれをダーカード（DAR-CARD）と呼ぶことにした」

第1部
魔法のダーカード

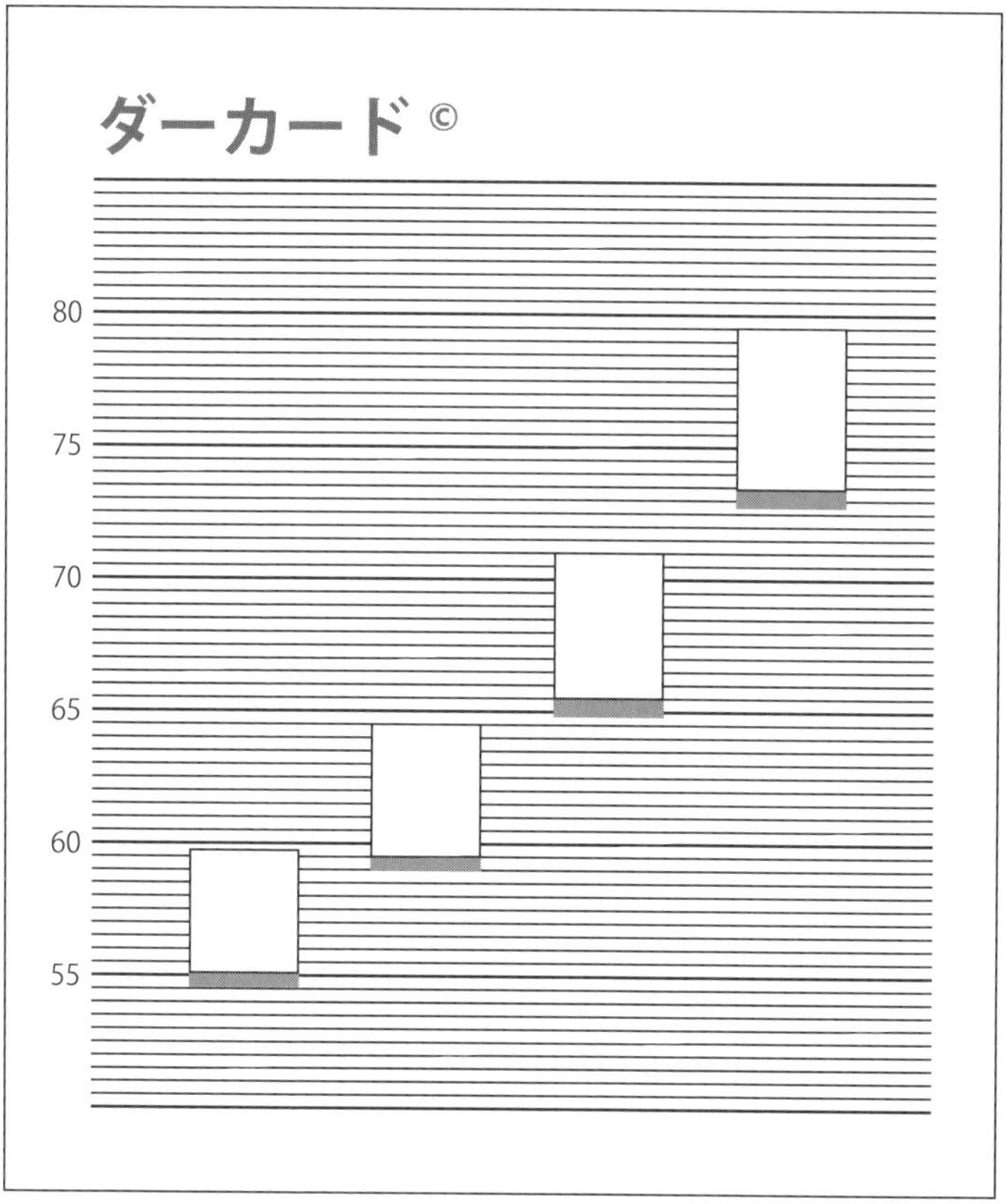

第1章
私がダーカードを考案したわけ

一九七四年の秋のことだった。ロンドンに出張していたとき、私はとても珍しい申し出を受けた。イギリスの著名な株式市場の専門家やブローカーや投資会社が出席する投資セミナーで講演をしてほしいと言われたのだ。

私はこの申し出にとても驚いた。これまで、私の投資理論や業績をいつも批判していたのはこれら株式市場の支配階層の人たちだったからだ。私の手法はとてもうまくいっていた。そのことは繰り返し証明されていたが、専門家たちからはたいてい正統から外れていて、異端的だとさえ見られていた。そのため、彼らが株式市場についての私個人の見解を聞くことに少しでも関心を示すことがあるとは思ってもいなかった。ただし、私の本や意見は物議をかもしてはいたが、イギリスでは広く知られていた。そのため、私の登場はセミナーの山場になるだろうし、イギリスの投資家にとっては私に初めて会って質問をする機会になるだろうと思った。それで、私はその依頼を喜んで引き受けた。

そして、私を論破しようと待ち構えている敵対的な聴衆に対して、どうすれば自分の見方を最もうまく伝えられるか、いろいろと考えた。問題は、どうすれば正統から外れた私の手法、特に「ボックス理論」を単純明快に示せるかどうかだった。それには、知識が少ない投資家でも納得できて、すぐに理解できるものでなくてはだめだと思っていた。私の投資テクニックは、そのほとんどが私の頭の中だけにあった。長年の経験と観察から、株式市場でどういう値動きをするかはいつでもしっかりと頭の中に入っていた。私が行動しようと決める際に、チャートを見たりバランスシート（貸借対照表）などの「ファンダメンタルズ」に注意を払ったりすることはまったくなかった。そういうことも相まって、そんな異端的な手法を最も効果的に伝えるにはどうすればよいだろうかと迷っていた。

株式相場に興味を持つようになる前、私は何年もステージとナイトクラブでダンサーをしていた。そのため、演劇的な直感から、聴衆の心をつかんで離さない視覚的効果や劇的な表現法が必要だということには気づいていた。彼らの多くは私の理論やテクニックやそれらの背後にある推論について初めて話を聞くことになるだろう。私には単なるチャートよりも、もっと強く訴える何かが必要だった。トレンドと売買ポイントを一目で確認できて、各段階で取るべき行動がすぐに分かるように、値動きを図示できる方法がよいと思った。要するに、それは株式市場のデータを直接、行動と利益に変える、まさに賢者の石でなければならなかった。

　必要は発明の母とはよく言ったものだ。セミナーへの招待を受けたことで、この問題をすぐに解決する必要に迫られた。私はセミナーまでの数週間、ロンドンのハイドパークを散策しては、株取引を始めたころに多大な利益が得られた株――ロリラード、チオコール、フェアチャイルド・カメラ――や、最近買って同じようにうまくいった株――少し挙げるとタンディー、セントロニクス・データ、デジタル・イクイップメントなど――について振り返っていた。それらの株すべてに共通することは一体、何だろうか。どうして、私はあのような行動を取ったのだろうか。何を根拠に買う決断をしたのだろうか。とりわけ、どうすれば頭の中で考えていたことを部外者や一般の人に説明して、分かってもらえるだろうか。

　私は数週間の間、これらを頭の中で繰り返し考えて答えを探し、思いつくかぎりのさまざまな解決策を試した。過去の成功と失敗をすべて思い出し、株式投資について得た重要な教訓を一目で分かる形にしようと奮闘していた。ゆっくりとだが確実に、イメージが徐々に固まり始めた。そして、ある日、突然、頭に浮かんだ！　まさに私が探していたものが見つかったのだ。それはとても単純だったので、思いつくのになぜそれほど時間がかかったのかが不思議なほどだった。それは知る必要があることすべてを簡単に示していて、それまでに見たどんなものよりも株の値動きがはっきりと理解できるものだった。それこそ私が求めていたものだった。

セミナーまでの日々、私は新しい発見についてさらに集中して考え続け、それを完成させられそうか考えた。考えれば考えるほど、うまくいきそうに思えた。基本的なアイデアは見つかったので、それをさらに発展させるのが当然なことに思えた。当初は株の値動きを説明する方法として考えついただけだったが、これは株式相場の問題に対する答えを提供する包括的な投資ツールにできるのではないかと思ったのだ。どの株についても、投資判断に必要なすべてのことをハガキほどの小さくて簡単な図で示すことができれば、どれほど素晴らしいだろうかと思った。さらに、私にとって不可欠な投資ツールであるストップロス注文（損切り注文）を組み込むことさえできるかもしれない。問題が複雑であることや、株式相場がいくらでもさまざまに変化することを考えると、これは気の遠くなるほど解決が難しいことに思われた。しかし、それはとても役に立ちそうだったので、最初にセミナーで発表するための単純な図よりももっと広く使える形を考え始めた。

結局、試行錯誤を繰り返し、アイデアを紙に描いては捨て、描いては捨て、ゴミ箱いっぱいになるまで考えたあと、成功した私の手法を最も単純かつ明確に表した図が出来上がった。私は新しく見つかったレンブラントの作品を手に入れたコレクターのように、何日もその出来栄えに感心していた。私は努力の成果を誇りに思い、ついに問題を解決したと思った。だが、最初の興奮と熱狂が冷めると、いくらか失望したことを認めなければならない。私は賢者の石、すなわち、株式相場で利益を得る新しいカギを探していたが、思いついたのはただ荒削りの図だけだった。それは確かに、投資判断をすぐに行うために必要な情報をすべて含んでいた。しかし、脚光を浴びるほどのものではないということは認めざるを得なかった。それは科学的で事実に基づいてはいたが、芸術的でも美的でもなかったのだ。この退屈な図に基づいて行動を起こして、それに感動する人がいるとは思えなかった。

私は過去に仕事を依頼したことがあるグラフィックデザイナーに問題を解決してもらおうと考えた。私が何を達成しようとしているかや、その理由を彼に説明した。「必要なデータはすべて含まれているが、問題があるんです」

彼はすぐに問題点を調べた。「このままでは、盛り上がりに欠けますね。ボックスはボックスには見えませんし、ストップロス注文はもっと非現実的で、バランス的に見栄えが悪いです。投資に関する利点はいろいろあっても、視覚的には退屈で面白くないので、この形ではだれも見向きもしないでしょう」。私は株式相場については専門家かもしれないが、明らかにレンブラント的な絵の才能は皆無だった！

彼は私の大雑把で荒削りの図を受け取り、それを修正して、基本的なコンセプトは変えないで、足りないと感じた要素を付け加えましょう、と言ってくれた。私はどんな形に変わるか楽しみだった。

数日後に、彼から電話があった。「ご要望どおりにできたと思います。すぐにお持ちします」と、彼は言った。私は出来上がりを見て驚いた。私の退屈でつまらないボックスは本当に立体的で、お互いの関係がはっきり分かるように明確に描かれていた。ストップロス注文を置く領域はまったく不自然さがなくなり、それぞれのボックスの危険領域を示すようになっていた。それはただの線ではなく、「危ない！　持ち株がこの領域に入ったら気をつけろ。深刻な危機に直面しているぞ」という警告らしくなった。また、私がもともとボックス内に表示していた株価は左側面の目盛りで表示されるようになったので、外観がすっきりと整理され、印象が良くなった。結果は驚くべきもので、ほかに類を見ない独自の投資ツールだとすぐに分かった。

あとは名前を付けるだけだ。それはチャートでも、グラフでもなかった。厳密に言えば、株価の履歴でさえなかった。それはまた、歴史的な値動きを表しただけのものでもなかった。私はボックスグラム、ストックアクション、シェアインディケーターなどの名前を考えたが、魅力を感じなかった。あまりにもテクニカルで面白さに欠けていると感じていたからだ。

株の値動きを表すツールを考案しているとき、私はポケットに入れて持ち歩けて、毎日の終値と照らし合わせることができるシンプルな形にしようといつも考えていた。それはハガキほどの大きさだが、独自の指示と私の理論に基づいて、買うか、売るか、保有すべきかを決めるのに必要な情報をすべて含むものだ。要するに、それは私のシステムを視覚的に簡潔に表したものだ。これが手がかりになった。私はそれをダーカードと呼ぶことに決めた。

私はどうやってダーカードを作るか

A．急上昇している株価が３日以上続けて上抜けできない抵抗線にぶつかると、その水準がボックスの天井になる。

B．天井から下げたあと、株価が３日以上続けて下抜けできない下値支持線にぶつかると、その水準がボックスの底になる。

C．ボックスの下から５％までのところにアミを掛けているが、これは危険水準のことである。

ダーカード©

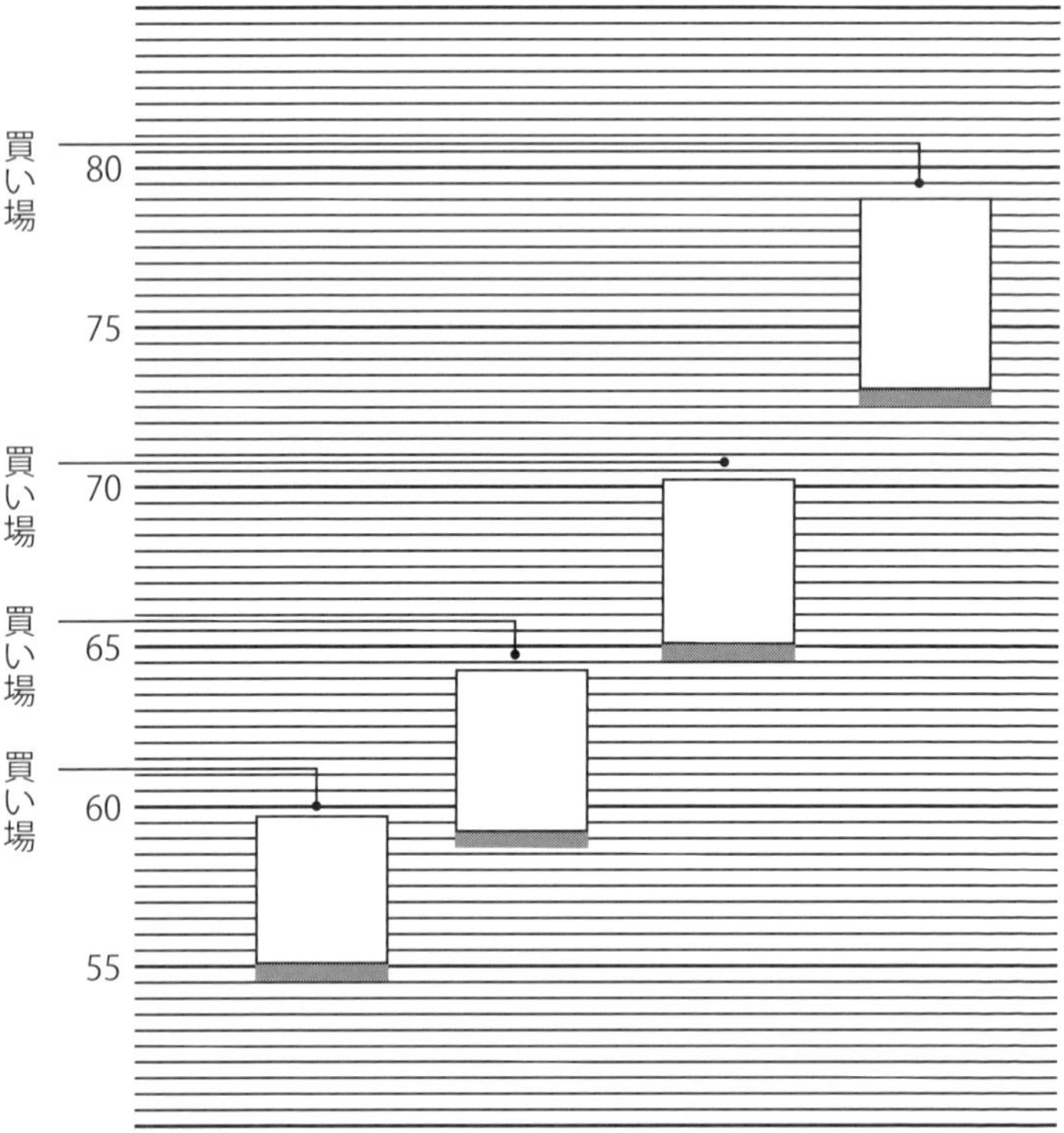

架空の株
右端のボックス（1977/05）

過去の値幅

	高値	安値
1974	52	43
1975	49	35
1976	68	43

私はどのようにダーカードを使うか

A．株価が一番上のボックスに入っている株は上昇トレンドにある。株価がボックス内にとどまっているかぎり、株価の変動は無視すべきで、その株は「保有」し続ける。

B．株価が一番上のボックスの高値を上にブレイクすれば、その株は「買い」になる。最初のブレイクで、一〇％下にストップロス注文を置く必要がある。

C．上に新しいボックスが形成されたあとでは、株価がこのボックスの底を下回ってアミの部分まで下げたら、その株は「売り」になる。

D．一番上のボックスに入っていない株は、保有する理由も買う理由もない。

私にとってダーカードは一般に用いられている成り行き任せの方法とはまったく異なり、非常に明確な指標となるものであり、間違いなく聴衆に熱く迎えられるものだと思っていた。望みどおりの形に仕上がったので、必要なことは実際に投資をしている状況で役に立つと実証して、株式市場で絶え間なく生じる多くの問題にいかに簡単に答えられるかを示すことだけだと思った。

私は本を刊行したときの読者とのやり取りから、さまざまなタイプの投資家が抱える問題や疑問には際限がないことを知っていた。最初の本を出してから、私は株式市場と私の投資手法について山のように質問されてきたし、投資についての私の見解も絶えず求められてきた。これらの質問は高配当株に投資する初心者からも、経験豊富な投資家からも寄せられている。質問は最も基本的なものから最も洗練されたものまで、株式市場のあらゆる側面に及んでいる。「どうやれば成長株を見つけられますか?」「優良株を買うべきですか?」「配当金を狙うべきでしょうか、それとも値上がり益を狙うべきでしょうか?」「成長株の特徴は何ですか?」「売買の最適な時期はいつですか?」、そしてもちろん、絶えず尋ねられる「何か良い株はありませんか?」まで。

こうした質問がいまだになされるということから、私は株式市場がほとんどの投資家にいかに理解されていないかや、株をうまく売買する方法を本当に知っている人がいかに少ないかに気づくようになった。経済新聞は日々、膨大なアドバイスや耳寄り情報や分析を載せているが、多くの投資家は株式市場の仕組みや値動きに悩まされ、途方に暮れていて、株価を決定する要因にはほとんど気づいていないようだ。多くの投資家はさまざまな状況で何をすべきか、どうすれば大損を避けて大きな利益を上げられるかをほとんど知らないのだ。

しかし、彼らを責めることはできない。私が初めて株式市場に足を踏み入れたときも、ほぼ同じようなものだった。二〇年ほど前に初めて株を買ったとき、自分が実際には旧約聖書のダニエルのような存在で、ライオンの住む洞窟への入場券を買っているのだということには気づかなかった。しかし、それこそがまさに私がしていたことだった。私はみずから市場という底なし沼の犠牲になろうとしている無邪気で無知な素人だった。私は株式市場について何一つ知らなかった。ニューヨークに証券取引所があることや、ブローカーは私が売買する株の手数料――ちなみに、それは私の出した利益から取られていた――で生計を立てていることさえ知らなかった。私は会社の社名すらも発音できず、何をしているのかや何を作っているのかさえ知らない会社の株を買っていた。私のように無知で洗練されていないトレーダーもいたはずだ。

私の主な問題はどうすれば株式市場について学び、そこでうまくトレードをすることができるかだった。残念ながら、この問題に関する専門家や本の多くは役に立たなかった。頭がくらくらするまで読んで分かったのは、収益(earnings)、配当(dividends)、資産価値(asset values)、株価収益率(PER)などのたわ言だけだった。彼らは物知りだったが、私が知りたがっていたそのものだけは教えられないようだった。それは単に、どうすれば株式市場で儲けられるかだった。彼らの主張にもかかわらず、彼らの推奨する手法はどれもうまくいくようには思えなかった。私が試行錯誤を繰り返しながら、自分のやり方で成功する方法を考案するようになったのはそのためである。

したがって、これは長年にわたって私になされた多くの質問に答えるまたとない機会になるように思えた。実際、ダーカードを使うと、以前よりも明確で分かりやすい答えが出せるようになった。私は学問的な疑問にはまったく興味がなかった。大小を問わず、普通の投資家の多くはだれに答えを求めればよいか知らない。私はそういう人々の疑問に答えたかったのだ。人々が株式市場でどういう問題にぶつかっているかは、当の本人たちに尋ねるに限る。私は毎日、あらゆる階層のあらゆる人々に会っている。彼らに尋ねるだけで、投資に関する多種多様な問題を実際に手に入れることができるはずだ。そして、それは日常の出来事や投資家がしばしば欲求不満で髪をかきむしるような状況でぶつかる本当の問題だろう。

そこで、私はだれかと話をするときはいつも、彼らの株式市場での問題や経験について尋ねた。彼らの言うことには本当に驚くことがあった。また、投資家の無知と素朴さには本当に驚かされることばかりだった。例えば、会社の利益が伸びていても、株価は下げることがある。また、その逆もある。それは新聞の株式欄を一目見るだけで分かることだ。それなのに、株価は会社の利益と直接関係していると いまだに信じている大企業の社長もいるのだ。あるいは、銀行に預金をするだけで、配当よりも多くの利益が低リスクで得られる。これはちょっと計算してみればすぐに分かることだ。それなのに、配当金を得るために株を買う無知な投資家がいまだにいる。あるいは、株価が下げ始めたら余計なことをしないでただ手仕舞うべきなのに、弱気相場でナンピン買いをして資金のほとんどを失ってしまう投資家が数えられないほどいる。人々の犯した過ちと受けたひどいアドバイスは、信じがたいほどだった。

そのため、セミナーに招待されると、二つのまったく予想外の結果をもたらすことになった。そこに招待されたことで、私はダーカードを考案することになった。また、投資家の質問に簡潔に答えるだけでなく、多くの人々が忘れているように見える株についての基本をもう一度説明する本が必要だということにも気づいた。そして、これを実行する最も良い方法は、今日の株式市場で私がした最近の経験や取った行動、そして、私がそうした理由を説明することだと考えた。

第2章

市場は突然、息を吹き返す

一九七四年の冬のことだ。株式市場は二年近くも大きく下げ続けていた。それは記憶にあるかぎりで最悪の弱気相場の一つだった。大幅な下落を免れた銘柄はなく、多くはPER（株価収益率）三倍以下で取引されていた。最も強いものから最も弱いものまで、ほぼすべてがひどく下げていて、打ちひしがれて落ち込む様子がいたるところで見られた。人々はあたかも市場が終わりを迎えて、消滅したかのような話をしていた。それはまさに、一九二九年の再来だった。

最悪の時期にダーカードを進化させるようなことはほぼ不可能だった。それを使って価値を実証する機会はまったくなかった。私は勝てる作戦をついに見つけたそのとき、終戦を告げられた将軍のような気分だった。適切な機会が訪れるまでじっと待つしかなかった。

長年の習慣で、私は今後、成長が見込まれる業界から有望株が現れないかと、常に市場を見守っていた。私は機関投資家の好むIBM、GM（ゼネラルモーターズ）、USスチールのような、いわゆる「未亡人と孤児にふさわしい」安定的な配当株には興味がなかった。それらは今や巨大企業で、発行済み株式数が非常に多いため、株価が二倍になるには、投資家が文字どおり殺到しなければならない。私は次なるＩＢＭやＧＭを探していた。過去や現在の優良株ではなく、明日の優良株を探していたのだ。私は一〇ポイント上げるのに四苦八苦する株ではなく、次の強気相場で三～四倍になる株を探していた。

この手法はこれまで常に成果を挙げてきた。私は新聞の経済記事を読んだり、投資アドバイザーが発行する刊行物の定期購読をしたり、ブローカーに頼んだりして、そうした別格の株を見つけたのではない。私はそれらが需要と供給の力によって上昇して私の目に留まるまで、ひたすら市場を観察していただけだ。将来性のある会社は株式市場で必ず投資家の注目を浴びることになる。知識が豊富で目ざとい専門家はいくらでもいるからだ。私はただ待って、観察し、どの株が出来高を伴って上げているのかを見守るだけだった。

経験と実践のおかげで、そうした株には急上昇する初期段階で気づいた。紛らわしい市場の動きに埋もれていても、その値動きによってほかの株とは区別できるようになっていた。それらが現れたら、過去の成功からそれらを素早く見つけられると分かっていた。あとは、集められるだけの資金で、できるだけ早く買えるかどうかという問題にすぎなかった。しかし同時に、私は新米の根拠のない過信からではなく、株式市場の多くの闘いで傷ついたベテランの注意深さで行動した。私は相場を読み間違えることがあると分かっているので、思惑どおりの値動きをしなかった場合はいつでも素早く損切りする準備もできていた。

確実に分かっていたことが一つある。それは何年も前に買ったことがある株ではなく、新しい株を見つけなければならないということだ。かつての強気相場で買った、若くてはつらつとしたオリンピック選手のような株、全力疾走して私に一財産をもたらしてくれた株は、今や老いて、棺桶に片足を突っ込んだ状態だ。その会社の多くはすでに全盛期を過ぎている。それらは今や人望があり保守的な高齢者のような存在であり、株価も保守的な高齢者のような動きをしている。それらは株式市場の歴史に名を残していて、ともにわくわくしながら過ごした時期を振り返ると、いつでも懐かしく幸せな気分になる。しかし、脚光を浴びた優勝馬と同じで、それらもいずれ一線を退いて、関心の対象は明日の若手に移っていく。

そこで、私は株価の動きを注意深く見守り、ほとんどの人にとっては冷たい死体のような株に生きている兆候がないかを探した。私は相場が永遠に下げ続けることはないと分かっていた。売り手がみんな「もう二度と買わない」と誓い、傷を癒やすために立ち去るとき、死亡診断書のインクも乾ききらないうちに株式市場のすべての医者が患者に死亡宣告を下すとき、市場は突然、思いがけなく息を吹き返すものだ。だれも見ていなかったときに、だれかが忍び込んで不老長寿の薬を一口飲ませたかのように、再び活発に動き始めて、みんなを驚かせるのだ。

うれしいことに、私は間違っていなかった。一九七四年の九～一〇月の株式欄を見て、私は市場が息を吹き返していることを直感した。それはかすかな動きにすぎなかったが、間違いはなかった。九月の終わりごろ、ヒューズ・ツールの出来高が急増して、一週間で一〇ポイント以上も上げているのに私は突然気づいた。一一月中旬には、株価は三六・七五ドルの安値から七二・二五ドルの高値まで一気に上げて二倍になった。さらに、私が注目していた銘柄はすべて急速に活気づいてきた。相場が動いているのだ。私はそれを肌で感じた！

その後、前触れもなく現れた津波のように、市場の勢いが突然解き放たれて、大小を問わずあらゆる株が急騰した。私は大喜びすべきだった。結局、私はこの状況のために真新しい武器を手に入れていたのだ。だが、私は恐れおののいた！　市場は経験したことがないほどの動きをしていた。これはダマシなのだろうか。私がダーカードを試したくてたまらないために、弱気相場が終わったと錯覚しているのだろうか。私は希望的観測にひたっているだけなのだろうか。もしかすると、はやる気持ちのせいで、ダマシのブレイクを強気相場の新たな始まりと誤解しているのかもしれない。理性と感情のせめぎ合いで、なかなか判断がつかなかった。ほかの銘柄も急上昇しているのが分かった。ヒューストン・オイルは一〇月のたった三週間で一二ドルから二六ドルまで跳ね上がった。しかし、私はおびえて動けずにいるウサギのようにじっとしていた。

実は、前の強気相場以来、市場は長く停滞していたし、ひどい弱気相場を長く待ち続けたせいで、私はすっかり疑い深くなっていた。私は気力が衰えていて、怖かった。一九七三年の初めごろには、私が置いたストップロス注文（損切り注文）によってふるい落とされていた。そして、一～二度ほど相場に手を出した以外は、二年間、何も買わなかった。それで、私は相場が再び活気づいたときの準備はしていたが、実際にそうなると、もたついて動けなかったのだ。

第3章

我慢強さと信念が報われるとき

とても戸惑うことが一つあった。どの株もボックスを形成しているようには見えなかったのだ。例えば、ヒューズ・ツールとヒューストン・オイルは押しもなく棒上げした。ほかの多くの株もまったく同じような動きをした。上昇の勢いはとても強く、広範囲な銘柄に及んでいたので、本当に強い株とそれほど強くない株を区別するのは事実上、不可能だった。私の手法はもう役に立たず、株式市場の歴史のゴミの山に投げ込まれるだけなのだろうか。それとも、数え切れないほどの株が八〇％も下げた長く重苦しい弱気相場のあと、大底を打つ前の最後の戻しで一時的に上げているだけなのだろうか。

信念と自信を取り戻すために、私は繰り返し状況を見直した。そして、自分の手法と原則を守らなければならないと確信した。私は自分のテクニックを市場の熱い炉で何度も鍛えて検証してきた。その有効性は何度も証明されていたのに、私がそれに従わなければ、結果は悲惨なことにしかならないだろう。一方で、私は自分の手法に縛られてはならないことも分かっていた。ひょっとすると、市場の性質は様変わりしたのかもしれない。何が何でも自分の手法にやみくもにこだわるのは致命的かもしれない。オスカー・ワイルドがかつて言ったように、かたくなさは心の弱さを表すものである。ある程度は柔軟性も必要だ。最後には、自分のやり方に手を加える必要が出てくるかもしれない。

状況がはっきりするまでは、ただ「買いたい」という誘惑に負けないようにしなければならない。私は大きな値上がり益が得られる適切な株を探していた。これまでと同じで、スーパーマーケットや繊維業などの株に時間とお金を無駄に使うつもりはなかった。そうした会社は運が良くても、売り上げをせいぜい一〇％伸ばすくらいだろう。それではダメだ！　私はエレクトロニクス、宇宙科学、半導体、レーザーなど、これからの成長分野に関心を持つ業界に注目していた。私はやがて、新しくてわくわくすることが起きると確信していた。

また、どんな状況でも手を出してはならない株が数多くあることも自覚していた。それらがどんなに好きな銘柄でも、買えば必ず痛い目に遭った。それらと私はまったく相性が悪かった。それらは遠くから見てあこがれるにはよいが、付き合えば必ず面倒なことになるので、絶対に関係を持ってはならない美女のようなものだった。それらは私には向かなかった。

それで、当面は機会が訪れるまで待って、何をすべきかは相場に任せようと自分に言い聞かせた。

相場は二カ月近く膠着状態だったが、一九七五年二月の初めに、私の忍耐は報われた。私はなじみのあるナショナル・セミコンダクターがその週に突然、三・五ポイント上げたのに気づいた。株価の上昇だけ見れば、たいしたことではないが、出来高の急増が注意を引いたのだ。一二月と一月の出来高は通常、週に一〇万株だった。それが二月の第一週は約七〇万株までふくらんだ。明らかにこの株には非常に大きな関心が寄せられていて、それは無視できないレベルだった。

さらに、とてもうれしいことに、株価は今やボックスを形成していた。それまでの株価は九～一一ドルの狭いボックス内で動いていて、数週間もほぼ膠着状態だった。それが今では大商いを伴って一四～一七ドルのボックスを形成していた。私は大喜びだった。私の理論はまだ通用するのだ！　私の我慢強さと信念、それに上昇相場にあわてふためかなかったことに報いるかのように、ナショナル・セミコンダクターは上昇に乗るようにと合図を送ってくれているように見えた。

ダーカード©

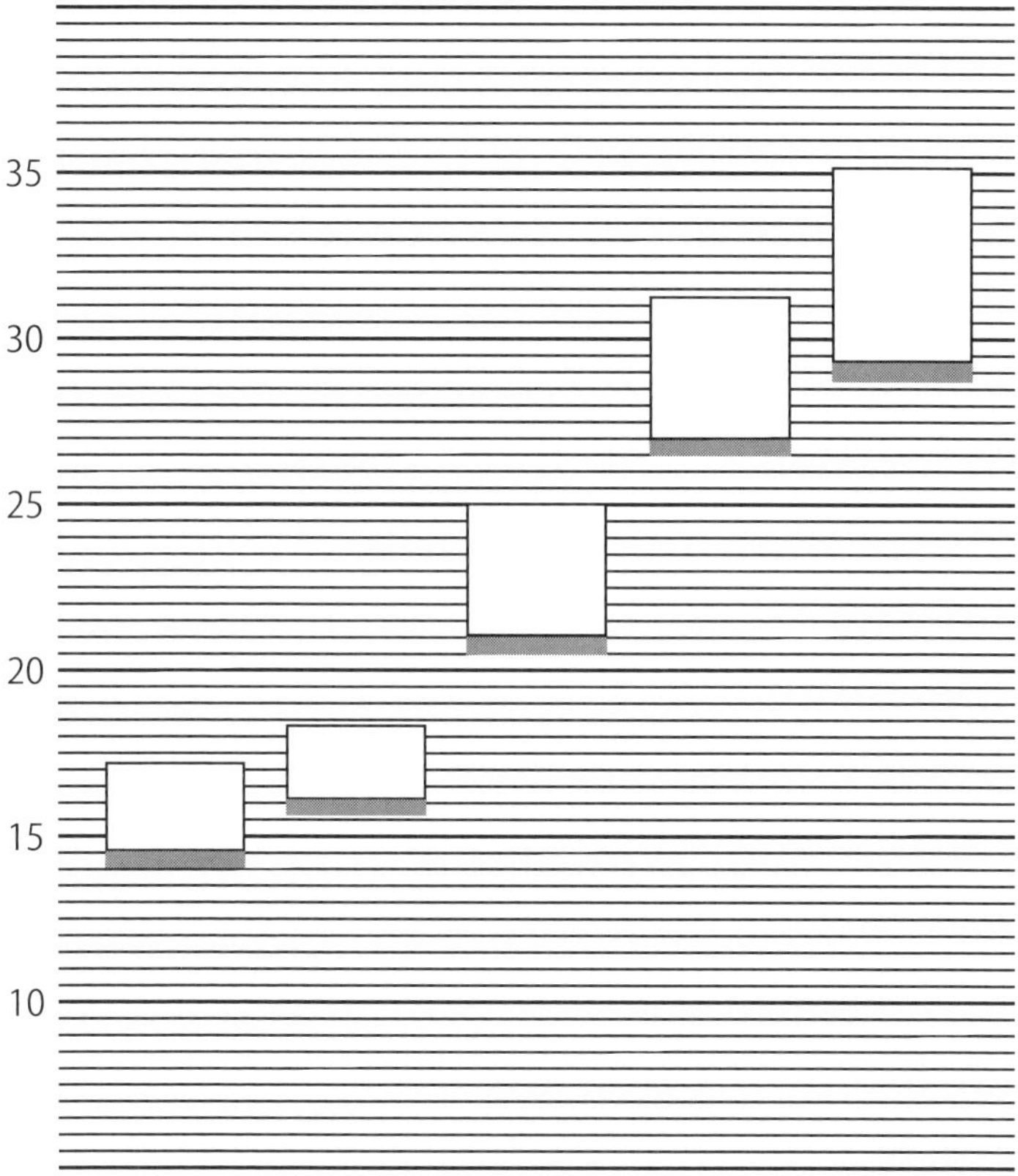

ナショナル・セミコンダクター
（1975 年５月）

（1974 年に１対３の株式分割）

過去の値幅

	高値	安値
1973	108⅝	23
1974	25⅛	6¼
1975	48⅜	9¼

テクニカルな値動きは正しかった。業界も適切だった（この会社は新しい成長分野を引っ張っていた）。これこそ、私の待ち望んでいた株に思えた。

第4章
「高く」買って、「もっと高く」売る

私が初めてナショナル・セミコンダクターに関心を持ったときには、株価はすでにわずか二カ月でほぼ二倍になっていた。多くの人は、私が買うチャンスを逃したと思ったかもしれない。私は一二月に八・五ドルで買うこともできたが、株価だけを根拠に買うことは絶対にできない。確かに、八・五ドルならば安かったし、そこで買っていたら有利だっただろう。

しかし、昔からの経験で、割安株には注意する必要があると分かっていた。どんな株であっても、私は手を出す前にまず、それが上がるという根拠を見たかった。もちろん、この手法では底で買ったと自慢することはできないが、それは気にならなかった。私は損するリスクを最小限に抑えながら、大きな利益を得ようと心がけていた。私は底で買って、自分のうまさをブローカーに見せつけようという気にはならなかったのだ。株式市場では虚栄心はじゃまでしかない。私は大幅に上昇するときに、最初の数ポイントを取り損ねても気にしなかった。数ポイントはボロ株を買わないために進んで払う保険料にすぎなかった。私はウォール街の「安く買って、高く売れ」という有名な格言は陳腐な決まり文句にすぎないといつも考えていて、そんな格言はとうの昔から無視していた。

私は「高く」買って、「もっと高く」売るほうがずっと良い方針だと気づいていたからだ。

しかし、ある一つのことが理由で、仕掛けをためらっていた。私は通常、ボックス理論の条件を満たすことに加えて、史上最高値をブレイクしなければ買わない。これは安全のために付け加えた条件にすぎない。株価が新高値に達するだけでなく、過去の最高値も超えたら、不幸にも天井で買って戻り売りの機会を待っていた人々はみんな、もう売り終えているだろう。そのため、彼らはもはや上昇の足かせにはならなくなり、株価は急騰するだろう。しかし、ナショナル・セミコンダクターは史上最高値にはかなり遠かった。私の問題は、安全のために史上最高値をブレイクするまで待つべきか、それとも今のボックスを上に抜く兆候が見えたらすぐに買うべきかということだった。

それはつらいジレンマだった。相場は過去二年で大きく下げていたため、株価が史上最高値に達するのを待てば、待ちくたびれるだろう。どの株もまったく買わないうちに、強気相場が終わってしまうかもしれない！

私はすぐに決断する必要があった。私は史上最高値のことは何も考えないことにした。とても厳しい弱気相場で株価はかなり暴落していたので、弱い買い手はもうみんな持ち株を売っていると考えても大丈夫だろうと考えた。この状況で史上最高値を更新するまで待つのはビクビクしすぎだろう。いずれにせよ、たとえ判断が間違っていても、身を守るために、防護ネットであるストップロス注文（損切り注文）をいつものように置いている。これほど良いチャンスは見逃せない。

私はすぐにブローカーに電話をして、一七・五ドルで五〇〇〇株を買い、一四・五ドルにストップロス注文を置くようにと指示した。私は平静を装ったが、彼に指示を出したときに私の手は震えていた。相場はすでに二カ月上げ続けていて、私は取り残された無力な傍観者だった。私は我慢しようとしたが、無理だった。私は怖くて、不安だった。受話器を置いたときには、博打をしたかのような気分だった。私は自分の理論の正当性に賭けていた。市場は今でも同じルールに従っていて、私の読みが正しいことに賭けていた。今は買った株がどういう動きをするか見守るしかなかった。

その日以降のナショナル・セミコンダクターの動きは腹立たしいほど弱かっ

た。株価は一六・二五〜一八・三二五ドルのボックスまで上げると、いつまでもそこにとどまっていて、はっきりと上に抜ける様子は見せなかった。私はがっかりしたが、待つしかなかった。三月上旬に、待ち望んでいた明確なブレイクがついに起きた。株価は一気に二〇ドル以上まで上昇して、新たに二一〜二四ドルのボックスを形成した。私は大喜びした。株価は再び動き始めて、私の思惑どおりに進んでいた。次に決めるべきことは、トレンドに乗っていつ買い増すかだ。

株価の動きが強くなって、二七ドルまで上げたとき、私はブローカーに五〇〇〇株を買って、持ち株すべてに対して二六ドルにストップロス注文を置くようにと指示をした。株価は私が最初に買ったときよりもかなり上げていたが、それでも予想外の下げに備えた。私はすでに得た含み益を失いたくなかった。

ナショナル・セミコンダクターはきれいに上げ続けた。四月中旬には三五ドルを超えて、最初に買った株はすでに二倍になっていた。私はうきうきしていた。みんなに笑顔を振りまいた。これほど明るくて幸せを感じたのは数カ月ぶりだ。株価が上昇すると、なんと気分が良くなることだろうか！　私はまた株を買って、勝っている。ほんの三カ月前に感じていた不安や迷いや欲求不満はなくなっていた。私は今度もさえない状況をうまく切り抜けて、浮かれていた。

しかし、一つ忘れていたことがあった。相場は思い込みが強い者をあざ笑うのだ。へそ曲がりな動きで人を驚かせて、相場のコツはつかんだとうぬぼれる人にビンタを食らわせるものだ。私がまだ有頂天になっていたとき、ナショナル・セミコンダクターは突然、反落した。三三～三五ドルで横ばいすると、少しの間三一ドルに下げたあと、株価は突然三〇ドル以下に下げた。

私の心地良い楽観はあっという間に消えて、恐怖でぞっとした。私は急いでブローカーに電話をかけて、ストップロス注文を二九・八七五ドルに引き上げた。その途端に、持ち株はすべて売られてしまった！　私は何に襲われたのかよく分からなかった。持ち株が上げて喜んでいたら、すぐにふるい落とされた。ナショナル・セミコンダクターと私の蜜月はたったの三カ月しか続かなかった。私はかなりの利益を得たが、とても残念だったし、くやしくもあった。ほとんどトレードをする機会もないうちに、ふるい落とされてしまったからだ。

しかし、この株との関係はまだ終わっていなかった。株価は二八ドルまで下

ダーカード©

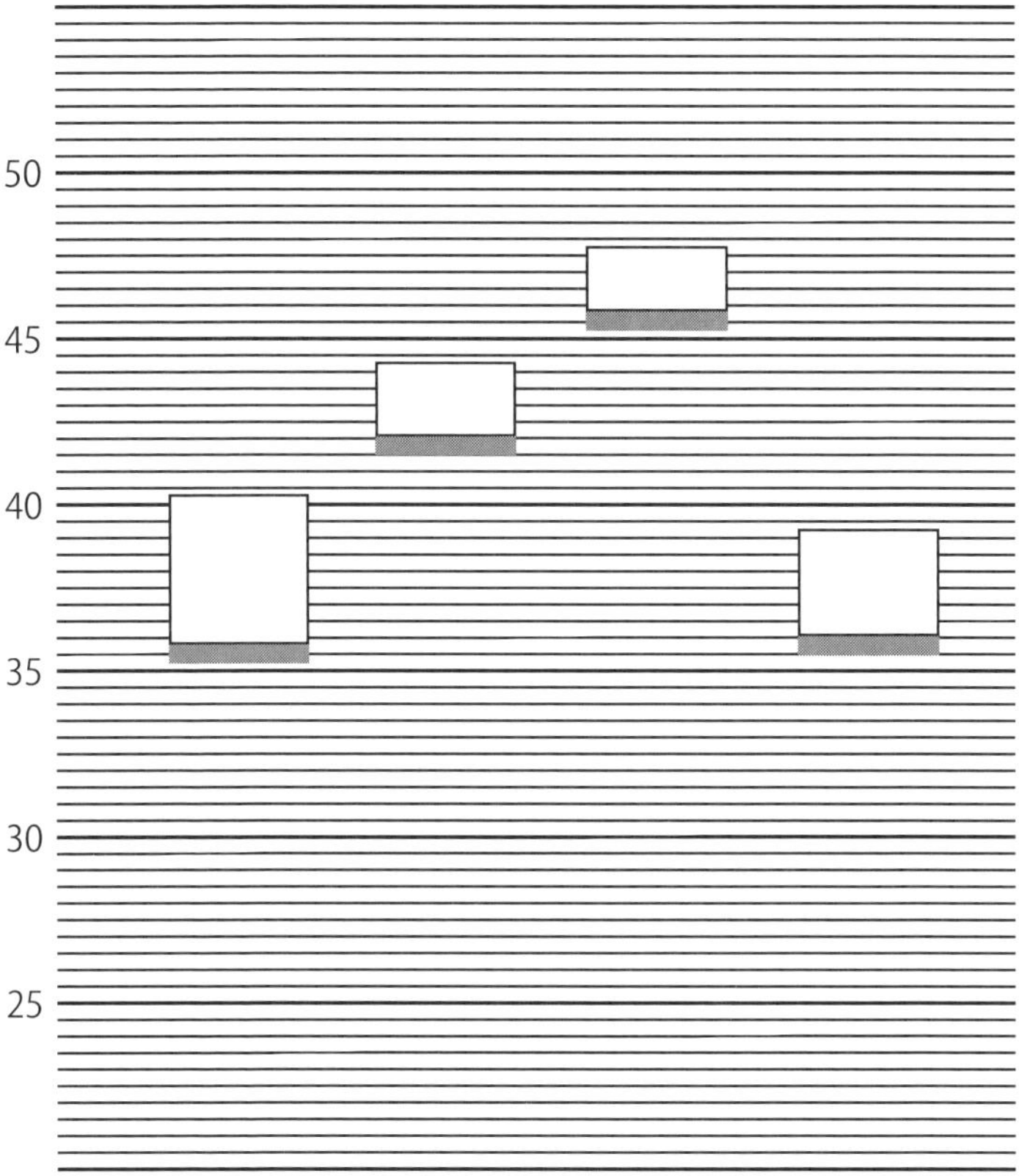

ナショナル・セミコンダクター
（1975 年 8 月）

（1974 年に 1 対 3 の株式分割）

過去の値幅

	高値	安値
1973	108⅝	23
1974	25⅛	6¼
1975	48⅜	9¼

げたあと、すぐに反転して、一週間以内に再び三五ドルを超えた。私はダマシの下げで、ふるい落とされたのだ！

くやしかった。私はすぐにまた買いたいという欲求に駆られた。しかし、上昇がいつまで続くかを知る方法はないので、上昇が止まって、新しいボックスが形成されるまで待つしかなかった。

やがて、そうなった。株価は新たに三五〜三八ドルのボックスを形成した。私はブローカーに電話をして、三八ドルを超えたら、もう一度買って、三五ドルにストップロス注文を置くように指示をした。数日以内に、私の買い注文が約定したという連絡を受け取った。

ボックスは積み上がり続けて、株価は六月に四〇ドルを超えた。私は株価の急落でビンタを食らっていたので、前よりは上昇するのを冷静に見ていたが、四二ドルから四五ドル、四七ドルへと勢いよく上げ続けると興奮を抑えきれなかった。

勢いが止まる気配はなかったが、私は安全策を取った。株価が上昇すると、ストップロス注文も引き上げ続けて、ボックスの底を下に抜けたらすぐに売れるようにした。七月に四七・八七五ドルの高値を付けると、揉み合いになった。そして、下げたあと再び上げたが、あまりはっきりした動きではなかった。私は問題が起きそうだと感じたので電話をして、すぐにストップロス注文を四三ドルに引き上げた。二日で、持ち株はすべて売られた。私は再びナショナル・セミコンダクターに別れを告げた。

第5章

なぜ人は株式市場では不合理な行動をするのか

私はよく考えることがある。私と同じくらいの株式相場の経験や知識を持っている人々の多くが、どうしてトレードでとんでもないヘマをするのだろうか、と。彼らは何をしても、うまくいかないように見える。彼らは天井で買って、底で売る。少しでも含み益になるとすぐに利食いをするが、含み損が大きくなると塩漬けにする。そして、常識的に考えてすべきこととは反対のことをすることが多い。私のナショナル・セミコンダクターのトレードでは特別なスキルも、難しい計算も、ひらめきによる推測も使っていない。株の値動きそのものが何をすべきか――いつ買い、いつ安全策を取り、いつ売るべきか――を教えてくれた。私がすべきことは、すべての段階で予期しないことが起きた場合に備えて、ストップロス注文（損切り注文）を置くことだけだった。多くの人が株をうまく扱うのにとても苦労するのは一体なぜなのだろう。

私の知るかぎり、株式市場ほど人々の思考を非合理に陥らせるところはどこにもない。株には何か人を酔わせるものがあって、ほかのことではけっしてしないような振る舞いを人々にさせるように見える。株式市場では、人々の不合理な行動はとても奇妙な形で現れる。人が株にかかわると、多くの人が思考停止に陥る。次の二つの逸話でそれがはっきりと分かるだろう。

私はラスベガス在住の成功したある投資家ととても仲が良い。私は付き合いや株式市場に関する話し合いのためによく彼のところに行く。これは、私たちがお互いの助言を必要としているからではなく、彼と話すと、私にとって充電になるからだ。彼は相場に対して実に素晴らしい才能を持っている。彼は今後、数カ月に市場がどう動くかをほぼ一貫して正確に予測できるのだ。彼はこれを、長年の相場研究で磨いてきた独自の感覚のみで行っている。

彼は株でかなり儲けたので、一般投資家向けの投資顧問業を始めることにした。彼は相場の今後の方向性について、自分の予測を載せたニュースレターを定期購読者に二週間ごとに送ることにした。それは良い考えのように思えた。そして、私がヨーロッパ旅行に出かけるときには事業を始める準備をすべて終えていた。

一八カ月後に帰国すると、私は彼とすぐに会った。彼の事業が完全に失敗したことが分かって、ちょっと不思議に思った。彼の相場の予測や読みは非常に正確だった。弱気相場が近いことを予測して、購読者に持ち株を売るようにと助言をしていた。だが、彼はその後、数カ月で購読者の七〇％を失い、事業から撤退せざるを得なくなった。

どうしてだろうか。成功するためには、投資顧問業者は真実ではなく、人々の聞きたいことを伝えなければならないからだ。相場が急上昇しているとき、人々は買うべき銘柄を教えてもらいたがるし、このトレンドが続くと言って安心させてもらいたがる。大幅な下落が迫っているので、手仕舞う準備をするようにとは言われたくない。彼らは儲けられる楽観的なリポートや耳寄り情報を絶えず欲しがる。たとえ、彼らにとって最善であっても、持ち株を売ってしまうようにとか、今は相場に手を出さないようにとは言われたくないのだ。私の友人の分析は正しかったが、購読者の感情とは大きくズレていた。彼らは彼の相場観をバカげていると思い、購読を続けるようなことをしなかったのだ。

彼の助言に従っていたら儲けていただろうが、それは関係なかった。彼らは彼の助言を心理的に受け入れることができなかった。ほかのニュースレター発行者はみんな、購読者が聞いて喜ぶこと――相場は上げ続けるということ――を書いているのに、相場は下げると言う発行者をどうして信じることができるだろうか。人々の持つ偏見を肯定するようなことを書かないかぎり、だれにも信じてもらえないのだ。エデンの園の蛇から最大の大衆扇動家であるヒトラーまで、説得が得意な人はすべてこのことを利用していた。私の友人の発行するニュースレターの内容は正確だったが、彼の見解を聞きたい人はだれもいなかったので、発行をやめるしかなかったのだ。

私が取引しているブローカーにも、不安と偏見から抜け出せない人がいる。彼は私が相場で一財産を築くのを見ていたし、私の手法も知っているはずだが、彼は自分で見たことを信じない。彼によれば、私のすることはすべて間違っている。彼が正しいと信じていることは、安い株を買って、それが数ポイント上げたら売る。株価が下げたらナンピンをして、含み損になっている持ち株は絶対に売らないということだ。要するに、彼は私のしていることのすべてと正反対のことをしている。彼は私が何かインチキをしているはずだから、いつか必ずしくじると確信している。その間、私は儲け続けているが、彼のポートフォリオに残されているのは「投機株」だ。

大衆に従い、常識を受け入れ、ほかのみんながしていることをするのは群集心理というものだ。徹底的な調査を行ってからしか事業や資金面の意思決定をしたり、事業への投資に動いたりしない、合理的で保守的で分別のある実業家が、強気相場のときに単なるゴシップやうわさで株を思い切って買うことが多いのも群集心理のせいだ。周りのレミングがすべて海に飛び込もうとしているときに、一匹のレミングがこの周囲の流れの影響を受けないでいられるなど、考えられるだろうか。株価が急騰していて、だれもが苦もなく楽に儲けているように見えるとき、どんなに知的な人でさえ、その流行に乗らずにいられないのではないだろうか。流行はとても伝染しやすいので、優れた知性を持っている人でも抗しきれない。医者や弁護士や会計士、それに知的エリートたちは市場が熱狂しているときには、ほかの人々よりももっと影響を受けやすいように見える。

多くの投資家は市場にとても感情的に接するため、市場を敵対者とみなすようになり、打ち負かせなくても、少なくとも仕返しはしなければと考える。私の仕事上の知り合いはかつて一八ドルである株を買った。それが四四ドルまで上げたあと四ドルまで下げて、一七ドルにまで上がったあと、再び下がるのをじっと見ていた。私は彼に何度も一七ドルで売るようにと言った。損するといっても、たかが一ポイントではないか、と。しかし、彼は買値の一八ドルになるまで絶対に売らないと言い張った。彼はその腹立たしい株にお仕置きをするため、損失のない買値に戻るまで売らないと決めている。彼はその機会を待って、今や一〇年になる！　株価は現在九ドルで、一八ドルまで上げそうな兆しはまったく見えない。

感情はいろいろと不思議な方法で、人々の株式市場での行動を妨げる。多くの人はブローカーにバカなやつと思われたくなくて、損切りをためらう。

彼らはあまりにも恥ずかしすぎて、つい最近、買ったばかりのため、下げている株を売るようにと、ブローカーに電話をすることができないのだ。実際には、ブローカーはそんなことをまったく気にしていない。彼の関心は基本的に顧客がどれだけ頻繁に取引してくれるかにあり、顧客が間違いを犯したかどうかにはない。そもそもブローカーは顧客の間違いに気づいてさえいないことも多い。

実は、ブローカーも同じように言えないでいる。二〇ドルで株を買うようにと顧客に勧めたブローカーは、それがすぐに一七ドルに下げた場合、顧客に損切るようにと言うべきだが、言えない。自分が間違いを犯したと認めることには耐えられないからだ。代わりに、彼は「株価は戻しますよ」とか、「一時的な反落です」とか、「うろたえないでください」といったなぐさめの言葉を発する。一方、顧客は株価が一〇ドルまで下げるのをじっと見ている。そこまで下げては何をするにももう「遅すぎる」。

株式市場に参加しているほぼすべての人は合理的な思考よりも、希望や恐れ、気恥ずかしさや虚栄心、それに偏見を重視しているように思える。それで、成功など達成できるだろうか。

私は自分ならそんなことはしない、と偉そうに言っているのではない。私にもほかの人と同じような弱さがある。実のところ、株に関しては、私はこの世で一番の怖がりで、少しでも問題の兆候があれば、すぐに逃げ出す用意ができている。私は自分がいずれパニックを起こすと知っているので、パニックになってもいいように備えているのだ！

それでも、株式市場での振る舞いで示されるように、人々の度外れな不合理さには興味をそそられる。とりわけ、「一獲千金」の夢を見ると必ず陥る「心の狂気」は、実に驚くべき心理的現象だ。私はそれについてよく分からなかったし、説得力ある説明に出合ったこともない。しかし、それが厳然と存在していて、私自身もほかの人々と同じようにそうなりやすいと気づいたので、それを抑えて克服するための対策を立てる必要に迫られた。私は感情に影響されて判断をすれば、市場では勝てないということを苦い経験を通して学んだ。だから、私が最初に取った対策の一つは、市場から遠ざかって、常に変化する市場の雰囲気に影響されないようにすることだった。

そこで、私はウォール街でトレードをし続けていても、市場とそこに漂う雰囲気からは距離を置いている。私はウォール街の人々が何を考えているかや、何を話しているかを知りたいとは思わない。私は、最新の業績予想にも、アナリストの見解にも、ブローカーの相場観や予想屋のうわさ話にも興味がない。私が知りたいことはすべて、株式欄が教えてくれる。私の行動は株の動きによって決まるのであって、人々の言っていることによってではない。これは長い間、私のトレード手法の基礎だったし、今日でもそうだ。

第6章

値動きだけを見ていれば、すべてが分かる

私はナショナル・セミコンダクターを売り、かなりの利益を得たが、この株とのかかわりはそれで終わったわけではなかった。私はその後もこの株の値動きに強い関心を持ち続けた。トレードがうまくいった株について、興味を失うことなどできなかった。何年もたった今でも、それらの株価をちらりと見て、調子がどうなのかや、悪い時期に下げたのか、あるいは年老いた映画スターのように整形をして返り咲こうとしているのか、それとも永遠の眠りについたのかを確かめている。たとえ、それらが過去の幻影にすぎないとしても、自分の親友（私はそれらの株をそう見ていた）はなかなか忘れられないものだ。

そういうわけで、私はナショナル・セミコンダクターの値動きを見続けて、私をふるい落とした下げが一時的なものだったかどうかを確かめようとした。それがまた上げてきたら、買う気満々だった。だが、まずは前の高値の四八ドル近くまで上げてきて、それを超えることができそうかどうか確かめたかった。しかし、株価は急落し続け、数週間で三二ドルの安値に達した。私はこの下げ方がまったく気に入らなかった。それで、九月に株価が下げ止まって、もたつきながらも再び上げ始めたときでさえ、私は順調とは言えないと判断していた。

実際、株価はほんの数週間で下げた分を取り戻すのに四カ月もかかり、一ドルずつ上げるのにも苦労しているように見えた。その値動きはまったく納得いかないものだったので、私はこの株には手を出さないことに決めた。株価は結局、一九七六年二月に五五・三七五ドルの新高値を付けたが、そこで勢いを失った。頑張っても、それ以上は上げることができなかった。買い手と売り手が二カ月以上にわたって五〇ドル辺りで攻防を繰り広げていたので、株から荒い息づかいが聞こえるかのようだった。私はどちらが勝つか興味深く見守っていた。

次第に売り手が優位に立ち、ゆっくりと下げ始めた。そして六月にはほぼ負けが決まった。三五ドルほどまで下げた七月に、ニュースが出て、それですべてが明らかになった。この会社のバンコク工場で問題が発生していたために、上半期にはデジタル腕時計が予定の半分しか出荷できないと発表されたのだ。株価は一日で二ドル近く下げた。不運な株主たちが狼狽売りに走ったからだ。しかし、それは遅すぎた。情報を持つインサイダーが手仕舞って、意欲はあるが情報に恵まれていない買い手に持ち株をもう渡していたので、その株は数カ月前から危険信号を出していた。これが、株価が上昇したあと、勢いを失った理由だった。目ざとい人たちには、不吉な兆候は見えていたのだ。手を出さないという私の判断は正しかったことが立証された。

ある意味、株の値動きはインサイダー情報よりもはるかに信頼できた。ナショナル・セミコンダクターは生産面で問題が起きている――これは「確実な筋」から聞いた話だ、とだれかにささやかれても、私はその人の話を信じるべきかどうか、分からなかっただろう。その情報は本当なのだろうか、ウソなのだろうか。信頼できるのだろうか、でっち上げなのだろうか。確かな根拠はあるのだろうか、それとも根拠などまったくないのだろうか。私や私と同様のアウトサイダーたちには確実なことは知りようがなかった。しかし、知る必要などなかった。知りたいことはすべて、値動き自身が語っていたからだ。

この会社の工場で問題が起きていることはもちろん、私は知らなかった。私の行動は純粋に株価の動きのみに従っていた。私はインサイダーと同じ動きをしていたのだが、実際には、それは私一人ではなかったのだ！

社外秘の情報を持つインサイダーが優位でいられるのは、その情報に基づいて行動しない間に限られる。その情報に基づいて行動すればすぐに、彼がその情報を知っていることがティッカーテープ上に現れて、彼は優位ではなくなる。確かに、私は底で買うことも、天井で売ることもなかった。しかし、私は数カ月で素晴らしい利益を上げて、問題が生じる前に手仕舞った。私が自分の成績に不満を持つ理由は何もなかった。

私のトレード手法は筋が通っていて、明快かつ効果的だった。だが、不思議なことに、この手法について私と話をした多くの人はこれを、利益を出すのに正しいやり方で、実行可能な投資手段だとは認めなかった。私にはかつて、裕福で評判が良くて成功している実業家の親友がいた。彼は株にも好んで手を出していた。取りかかるときには入念かつ徹底的に調査を行う。有望な会社をとことん分析する。電卓を使い、決算書をしらみつぶしに調べる。投資は財務について詳しく調べてからでないと絶対に行わない。会社の財務状態を細部まで分析・評価する彼の能力を知れば、会計士もうらやましがるだろう。

だが、興味深いことに、ビジネスについて疑う余地のない洞察力があり、財務関係の理解力は考えられないほど高いのに、彼は株式市場では一度も利益を出せなかった。それどころか、彼はトレードで知られているすべての間違いを犯した。どんな間違いもだ。彼は常に天井で買って底で売った。不人気株は塩漬けにしていた。相場に手を出すたびに判断を誤った。そして、彼は毎年、自分の収入の半分をトレードで失っていた。

私は彼の成績を上げる手助けをしようとしたが、彼は私の言うことに一切耳を貸さなかった。彼は自分のやり方があくまで正しくて、間違っているのは市場のほうだと信じていたのだ。私が自分の手法で一財産を築いていて、彼は間違いばかりしていたが、それでも説得できなかった。彼は、株価は収益、内在価値、ROE（自己資本利益率）などで決まると信じていて、私が何を言っても、彼の信念をくつがえすことはできなかった。その銘柄が彼の考えどおりにならないのならば、その銘柄はさらに厄介な問題を抱えるはずだった。その間、彼は損を増やし続けた。

私は自分の手法がいかに理にかなっているか、何度も説明しようとした。私は言った。「その会社のファンダメンタルズは世界一素晴らしいのかもしれない。でも、その会社の株をだれも買わないのならば、株価は一セントも上げないんだよ」と。また、「『安い』株を買っても、それがさらに安くなり続けたら意味がないだろう」とも言った。しかし、彼は私の話に耳を絶対に貸さなかった。

一番上のボックスの天井をブレイクしたときだけ買うという私の手法と、最初の買値近くにストップロス注文（損切り注文）を置いてリスクを限定するという対策は株価の実際の動きを観察した結果のみに基づいている。それにもかかわらず、これらも多くの人々にとって信じがたいもののようだ。特に、ブローカーはこの点について独特の思考停止に陥るようだ。私はあるとき、一二～一六ドルのボックス内を動いていた株に興味を持っていた。それで、一六・二五ドルに上げたら、それを買い、その後に一五ドルまで下げたら売るようにという注文をブローカーに出した（私が注文を出したときの株価は一四ドルだった）。ブローカーは聞き間違えたと思った。「ダーバスさん、もちろん、一五ドルで買って、一六・二五ドルで売るようにという意味ですよね、逆じゃないですよね。とにかく、今もっと安く、一四ドルで買えるのに、どうして一六・二五ドルまで上がるのを待つ必要があるのですか」。私は、注文の内容は最初の指示どおりで間違いないし、私の頭もおかしくなっていないと彼に理解させようとしたが、できなかった。彼に関するかぎり、株はオレンジのようなもので、一個四セントで買えるのに、六セントで買う意味などあるはずがないと思い込んでいるのだ。

結局、株価は一六・二五ドルには一度も達しなかった。一六ドルまで上げると反落して、やがて一〇・五ドルまで下げた。もしも、株価が一四ドルと、「安く」なったときに買っていたら、私は大損をしていただろう。割安株なんて、そんなものだ。

第2部
自分のルールを確立し、それを守る

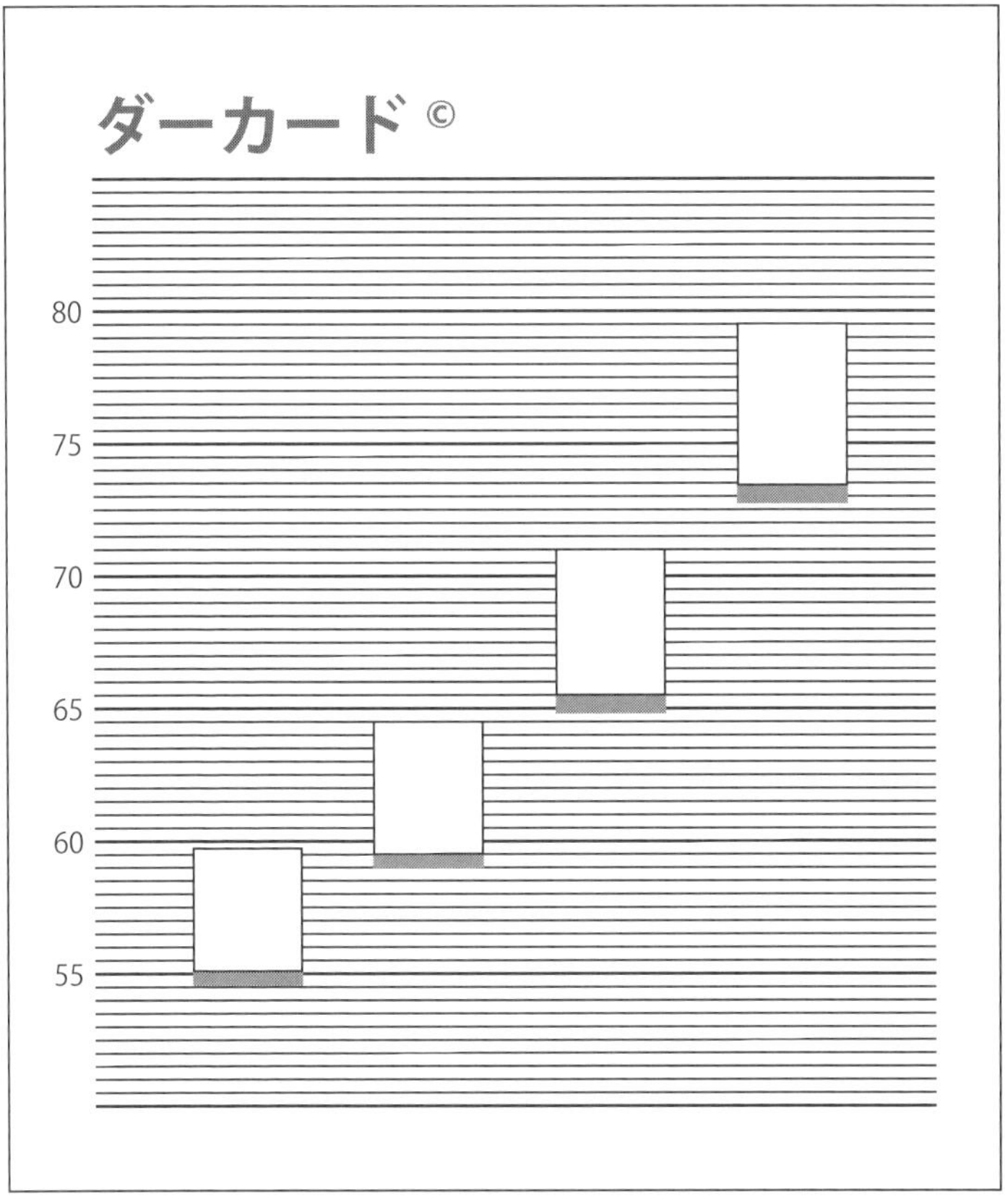

第7章

株式投資では知りすぎないほうが良い場合もある

私がムーア・マコーマックに初めて気づいたのは、一九七四年四月の新高値リストに載ったときだった。そのときには特に注目していたわけではなく、ほとんどの株が下げているときに新高値を付けていることが興味深くて、心に留めただけだった。

市場の下げが続き、新安値銘柄の銘柄数がますます多くなって、しばしば数百銘柄に達していても、マコーマックは新高値銘柄リストに載り続けた。例えば、六月二八日までの一週間は、NYSE（ニューヨーク証券取引所）で六三七銘柄が新安値を更新した。しかし、この銘柄は新高値を付けたわずか一三銘柄のなかに入っていた。この銘柄は七月と八月にも新高値を更新し続けて、出来高の急増を伴うことも多いことに気づいた。信じがたいほど強い動きだったが、市場は急落していたので、私は怖くて動けなかった。しかし、八月末になり、少なくとも一〇一二銘柄が新安値を付けた週にマコーマックが再び新高値を付けたとき、この驚くべき現象について詳しく調べることにした。

会社の事業内容を調べると、特にわくわくすることは何もないと分かって、がっかりした。この会社は貨物船の運航、バルク輸送、採掘権の管理、石炭の販売を行っていた。これほど面白さに欠ける事業があるだろうか。これは将来を見据えた先端の産業だろうか。やめておけ！　私はそこで調べるのをやめようかとも思った。だが、ほかの銘柄よりも飛び抜けて強いのには、相変わらず興味をそそられた。株価は一二・三七五ドルから新高値を更新しながら上げ続け、一〇月にはついに三四ドルを超えた。

これはすごすぎる、と私は思った。事業内容もファンダメンタルズも業界も関係ない。これほど目覚ましい上昇には何らかの理由があるはずだ。火のないところに煙は立たない。ひょっとしたら、ムーア・マコーマックは新しく超音速貨物船を開発したのかもしれない、と私は悔し紛れに考えた。

しかし、相場は相変わらず気まぐれなもので、私が買おうかと思った矢先に、株価が一二月に一〇ポイント以上も下げて、二三ドルになった。それで、やっぱりこの株には手を出さないでおこうと思っていたら、驚くことに、一九七五年一月には再び三〇ドルまで上げた。そして、その後も上昇が続いた。

私は今や真剣にこの銘柄を見ていた。何かが起きている、と私は確信した。株価というものは一二ドルから三四ドルに上げたあと、二〇ドル近くまで下げ、その後すぐに再び三〇ドル以上まで上げるという動きはしないものだ。こんな値動きをする理由は分からなかったが、気にもしなかった。この銘柄はテクニカルの値動きだけで、買う値打ちがあった！　前の最高値を超えたら買おう、と私は決心した。

長く待つ必要はなかった。二月初めに三二～三三ドルの狭いボックスを急に上にブレイクしたとき、私は三四・五ドルで大量に買った。株価が驚異的な上昇を始めると、ほとんど注文を入れることができなかった。二月末には四五ドルを超えて、四月の第一週には五五ドルを超えた。そして、五月初めには七〇ドルに達した。何が起きているのだろうか。ムーア・マコーマックは石炭を火星に運ぶ方法でも見つけたのだろうか。

私はこんなことが長続きするはずはない、と自分に言い聞かせた。私は問題の兆候が現れたら、全力で逃げ出す準備をしていた。しかし、ムーア・マコーマックは七五、七九、八五、九〇ドルと、ひたすら急上昇し続けた！　私は催眠術にかかったかのように、息をのんで見ていた。こんな値動きはまったく見たことがなかった。まるで不思議の国のアリスから抜け出してきたような銘柄だった。今や一日で五～七ポイントも上げていた！　どこで上げ止まるのだろうか。私はますます警戒を強めた。これほど素早くストップロス注文（損切り注文）を引き上げたことは一度もなかった。行動する時間は言うまでもなく、考える時間もほとんどなかった。

こんなことが長続きしないことは分かっていた。私は上げ続けるかぎりは手放さないでおこうと決心した。一方で、最初の反落が起きたときに飛び出せるように、ストップロスというパラシュートの引き綱も握っていた。これはもちろん、手仕舞って忘れてしまえるような株ではなかった！　七月二三日にムーア・マコーマックは九五・八七五ドルという驚異的な高値を付けたあと、突然上げ止まった。七月二九日に株価は九ポイント以上も下げた。そして、七月三一日にはさらに七ポイント下げた。エアポケットは至るところに現れた。私は株価がこれほど急激に下げるのを見たことがなかった。私は八五ドルで持ち株すべてを手仕舞ってその後を見守っていたが、わずか二週間で五三ドルへと、目を疑うような急落を見せた。緊急脱出装置はぎりぎりのところで、私を投げ出してくれた。あと二～三日でも持ち続けていたら、私はさらに二〇ポイント分の含み益を失っていただろう。

この話には面白い続きがある。

約一年後、私はパリに滞在していたのだが、その泊まっていたホテルでたまたま私の隣に座ったアメリカ人観光客と話をしたことがあった。やがて、株式市場の話になり、私はムーア・マコーマックで素晴らしい経験をしたことを話した。彼は言った。「ああ、その会社はケベック州の北西部にある鉱業のベンチャー企業に関心を示していましたね。銅、亜鉛、銀の有望な鉱床があるという話でした。それでみんな、興奮していたんです」。「それなら、株価はどうしてあんなに急落したんですか?」と、私は彼に尋ねた。「七月に、第３四半期の収益が前年同期を下回ると発表したんですよ」と、彼は説明した。私は疑わしく思った。「カナダの鉱山に『関心』があるというだけで、株価が一二ドルから九五ドルまで上昇する価値があり、減益見通しの発表で五〇％近くも下落するのが正当化されるものでしょうか?」と、私は彼に尋ねた。彼は肩をすくめて、「正当化はされないでしょうが、それが株式市場というものですよ」と言った。

ダーカード©

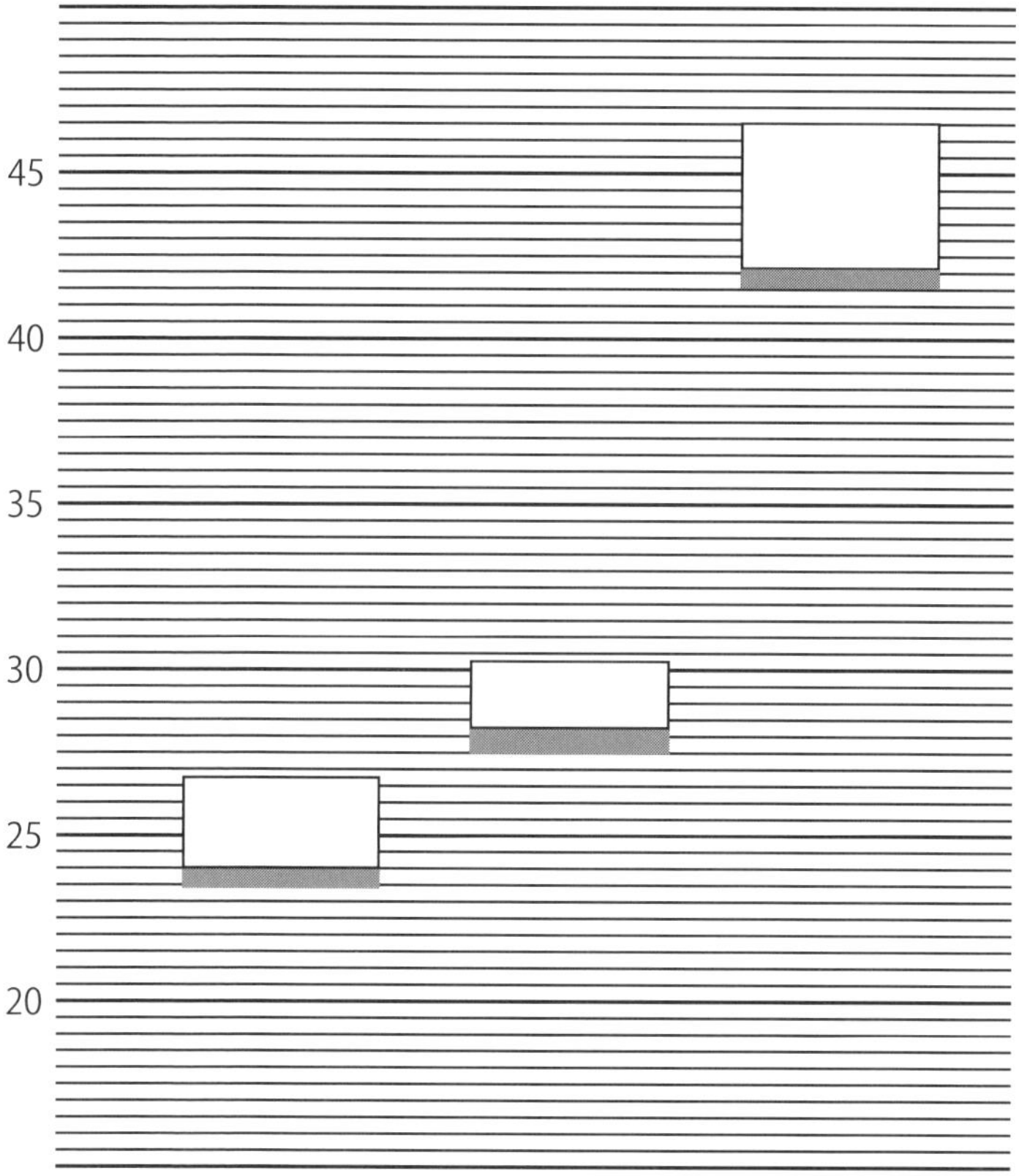

ムーア・マコーマック
（1975年3月）

（1975年に1対2の株式分割）

過去の値幅

	高値	安値
1973	18⅜	10½
1974	34½	12⅜
1975	95⅞	27⅞

私は、ムーア・マコーマック株が上げているときに三四・五ドルで買い、下げ始めて急落する直前に八五ドルで売った、という話をした。彼はうらやましそうに私を見て、「鉱山会社のことをだれに教えてもらったのですか」と尋ねた。私はあなたから話を聞くまで、ケベック州の鉱山についてはまったく何も知らなかった、と言った。彼は信じられない様子で私を見た。「冗談でしょう。何が起きているか、まったく何も知らずに株を買ったと言うのですか?」。私は「そうなんです」と断言した。私はこの会社が基本的に運送会社だという印象を受けていた、と話した。彼はジン・トニックを飲んでいて、むせそうになった。二人が別れるとき、彼は私のことを今まで会ったなかで最も世間知らずで、単純で無謀な投資家で、医者に診てもらったほうがよいと確信していただろう。

しかし、私は実際に株価の動きのみに基づいてムーア・マコーマック株を買い、会社がどんなことに関心を示して動いていたのかはまったく知らなかった。それでも、私はかなりの利益を上げて、資金は半年で二倍以上になった。もしも私がファンダメンタルズを詳しく調べていたら、おそらくあまりにも平凡か、投機的な会社だと判断して、大金を稼ぎ損なっていただろう。ほかの分野でもあるように、株式市場では知りすぎないほうが良い場合もある。

第8章

機関投資家よりも個人投資家のほうが儲けることができる

株式市場について人々と話をしているとき、多くの人たちが株ではもはや儲けられないと思っていることを知って驚いた。私は何度も言われた。「市場は今や機関投資家に完全に支配されている。大手機関投資家の資金が支配しているんだ。小口投資家の時代は終わったよ」と。これは本当だろうか。本当だったら、私のような個人投資家が株を買うのはお金と時間の無駄ということになる。しかし、事実を見れば、一般に信じられていることとは正反対だということが分かる。

私たちは大手機関投資家と知力を競っているので勝ち目はない、という考えは機関投資家の目的や態度を完全に誤解している。彼らは大金を稼ぐことや「市場を打ち負かす」ことに関心があるわけではない。彼らの関心は主として安全かつ着実に収益を上げることにある。一九六〇年代にバブルがはじけたとき、多くの人が痛い目に遭ったり、失業したりした。そのため、今は年平均九％の利益率を目指して、堅実で安全な運用をしているのだ。そのため、機関投資家は成長株を見つけて大きなキャピタルゲインを得ることにはそんなに関心がない。彼らは市場全般がどちらに向かうかを見極めることに関心がある。上昇相場が近いと確信したら、上げそうな銘柄を優良株から選んで買うだけだ。彼らは新興の成長株には手を出さない。それらの銘柄は「投機的すぎる」と見ているのだ。

こうした動きは想像力に欠けるように見えるかもしれない。だが、実は彼らの選択肢はそれほど多くない。彼らは巨額の資金を投資する必要があるため、発行済み株式数が多い銘柄を選ぶしかないのだ。投資額が五億ドルの機関投資家は、発行済み株式数がわずか二〇〇万株の会社に投資することはできない。持ち株を売るときにはさらに大きな問題が発生する。相場が下落しているときに、機関投資家は一〇〇〇万ドルも保有している株をどうやって売るのだろうか。実は、売れない場合が非常に多い。一〇〇〇万ドルも保有している株は、一万ドル程度保有している株と同じようには売れないのだ。そのため、機関投資家は通常、どんなときでもポートフォリオをそのままにしておくしかない。だから、彼らのパフォーマンスは平凡なのだ。

一方で機関投資家の運用担当者にとっての悪夢とは、大きな成長が見込まれると考えて無名の会社の株を買い、一晩で無価値になることだ。そんなことが起きれば、取締役会でどうしてその銘柄を買ったのかを説明して、自分の行為を正当化しなければならなくなる。だから、彼らはリスクをとらずに、ＵＳスチール、ＩＢＭ、エクソン、ＩＴＴなどを買って、永遠とはいかなくても、少なくとも五年間は持ち続けるのだ。

彼らは主張するだろう。ＩＴＴを買って、たとえ株価が五〇％下げても、だれも担当者を無謀で衝動的なギャンブラーだと非難することはない。だから、彼らには後ろ盾がある。そしてもちろん、ＩＴＴは機関投資家のポートフォリオにはふさわしく見える。この会社は堅実で、安全で、安心できて、配当も支払ってくれる。株価が買値よりもはるかに下げていても気にせずに済む。下げたのは残念だが、だれもそのことで担当者を責めるようなことはしない。

このように、私のような個人投資家と機関投資家ではタイプがまったく異なる。私たちと彼らでは、目的がそもそも大きく違うのだ。機関投資家の買う株を私が買うことは一生ないだろう。だから、私は彼らと不平等な闘いをしているとはまったく思わない。彼らには彼らの目的があり、私には私の目的がある。彼らは彼らの好む株を売買し、私は私の好む株を売買する。私たちは別の世界に住んでいるようなものだ。私たちは何にも頼らずに動いているので、彼らに振り回されているとも、支配されているともまったく思わない。それどころか、個人投資家の私は多かれ少なかれ自由に動けるが、彼らはとても厳しい制約のなかで動かざるを得ない。その意味では、彼らはむしろかわいそうとも言える存在だ。

個人投資家は今でも、株で儲けられるだろうか。ムーア・マコーマックでの私の経験が示したように、それは間違いなく可能だ。さらに、個人投資家には有利な点がいくつかある。

第一に、機敏かつ柔軟に動くことができる。つまり、ある銘柄から別の銘柄に素早く乗り換えられるし、売買はいつでもたいして苦労しないでできる。機関投資家は保有株数が多いため、小口投資家とは異なり、売買や乗り換えを簡単に行うことはできない。

第二に、市場が下降トレンドで、株は何も持たないでいるのが最善というとき、個人投資家であれば長期にわたって現金にしておける。ところが、機関投資家は通常、そうした状況でも少なくとも資金の一部は投資し続けなければならず、気づくと八方ふさがりになっていることがよくある。

第三に、小口投資家は成長する可能性が高い中小企業に投資できるし、それほど分散する必要もない。

というわけで、個人投資家は機関投資家のようにさまざまな銘柄に資金を分散して、平凡な結果で満足するのではなく、有望な三～四銘柄に集中して投資することができる。だから、驚くかもしれないが、機関投資家よりも個人投資家のほうが株で儲けられる可能性は高いのだ。

確かに、機関投資家はコンピューターや高度な統計データや最新の情報といった優れたツールに加えて、最高のアドバイスも利用できる。それらが使えるのは明らかに有利だが、それでも、彼らは今までと同じように間違いを犯す可能性がある。一九七二年に、翌年に推奨できる銘柄リストを挙げた機関投資家は一〇〇社以上あった。あなたが彼らの推奨株に同額ずつ投資していたら、その後の一二カ月で資金の四〇％以上を失っていただろう。彼らは高価なツールを使っているにもかかわらず、いまだに高くつく間違いを犯すことがある（偶然にも、ずっと昔の一九三二年に行われた同様の調査でも、似た結果が得られた。ことわざにもあるように、どれほど変化したように見えても現実は変わらないのだ）。

小口投資家が株式市場から逃げ出したとすれば、それは機関投資家に締め出されたからではなく、直近の二回の弱気相場でひどい損失を被ったからだ。そんな状況になれば、人はだれかのせいにしたがる。そして、自分の不幸を機関投資家のせいにすれば都合が良い。しかし、一五年以上も前に私が行った簡単なアドバイスに従っていたら、そんなことをする必要はまったくなかっただろう。

私のアドバイスは今でも単純かつ明快だ。それは、**株を買うときには、ぼろ儲けではなく、あっという間に株価が五〇％下げる可能性があるということを胸に刻んでおくように**、ということだ。そんなことが起きるのを絶対に許してはいけない。最高値から二〇％下げたら、どの株も売ってしまえるように、たとえ頭の中にでもストップロス注文（損切り注文）を置いておこう。この簡単な予防策があれば、弱気相場で大きな損失を被ることはまったくなくなる。株を持っていることが悪夢になることもけっしてない。そして、機関投資家のことなんて気にしないで済む。

第9章

必ずシステムや行動ルールに従うこと

アメリカの著名な物理学者であるリチャード・ファインマンは科学者を、ガラスの囲いの中でチェスをしている二人を見ている観察者にたとえたことがある。観察者はゲームがどういうものかをまったく知らず、中の二人の話も聞こえない。彼にできることは外から二人を観察することだけだ。しかし、しばらくすると、ゲームのルールを推測して、勝者を予測することができるようになる。

市場での私の手法もこれと似ている。私は株価を観察して、それらがどう動くかを見て、将来、勝ち組になりそうな際だった値動きをする銘柄を選ぶ。

しかし、科学者であっても希望的観測や偏見や不注意のせいで、あるいは細部の非常に重要な点を見逃すなどをしたせいで、観察対象を誤解することがある。同じように、株価の動きを誤解して、思惑どおりに動かない銘柄を選ぶこともある。それは仕方がないことだ。市場に確実なことなど何もない。だから、必ずストップロス注文（損切り注文）を置かなければならないのだ。間違えたら、当然すべきことは手仕舞って傷ついた心を癒やし、ほかの銘柄を探すことだ。これは論理的で理にかなっている。だが、私はどういうわけかときどき、最初の間違いを繰り返して痛い目に遭い、結局は大負けして傷つき、苦しんで、どうして正気を失ったのか後悔することがある。大きなトラウマになった、つらい経験の一つはヒューズ・ツールだった。

「強気相場で最初に上げる株が買うべき株だ」。こう言われるのを何度聞いたことか！　これは市場における十戒の一つと言ってもいい。確かに、これはしばしば本当だが、「しばしば」では確実に利益を得るには不十分だ。たとえ、九九％確実でも、一％の誤りで災難に遭う可能性がある。実際、私はそういう経験をした。

一九七四年の秋に相場を観察していたら、ヒューズ・ツールが九月の三六ドルの安値から一一月の七二ドルまで上昇していることに気がついた。そのころはまだ平均株価指数が下げていたにもかかわらずだ。同じ時期に、ＡＭＥＸ（アメリカン証券取引所）に上場していたヒューストン・オイル・アンド・ミネラルズは一二・五ドルから三二ドル以上にまで上昇していた。そのため、一カ月後に市場が底を打って上げ始めると、これらは間違いなく買うべき株だと私は思った。強気相場が始まる前の数カ月で倍になったのだから、強気相場が本格的に始まれば、きっと急上昇するに違いない。私は当時たまたまニューヨークにいた（これは結局、致命的な間違いだった）ので、ブローカーにはすぐに連絡が取れた。私は待ちきれなかった。これは楽勝だと思った。

私は受話器を取り、ヒューズ・ツールを七三ドルで買い、七一・五ドルにストップロス注文を置くようにと自信を持ってブローカーに伝えた。その株はきちんと買われたが、三日後にふるい落とされた！　株価が六九ドルまで下げたのだ。私はがっかりした。私はこれこそ間違いなく買うべき銘柄だと思っていたのだが、玄関に足を踏み入れると、いきなり窓から投げ出されたのだ。ドアのところで「用心棒」に殴られて鼻血を流した経験のある人が慎重な人ならば、二度とそこには近づかなかっただろう。しかし、私は違った！　私は思ったのだ。これは信じられないほど強い株だ。すでに二倍になっているほど強い。今は市場に自信が戻っているので、もっと上げるはずだ。もう一度、買い直そう。

私は気持ちを新たにして、七三・二五ドルで買い、七一・五ドルにストップロス注文を置くようにとブローカーに伝えた。その株をもう一度買うと、また数日でふるい落とされた！

私は経験上、自分では扱えない銘柄があることを知っていたので、二度目のチャンスをものにできずに痛い目に遭えば、通常はもう手を出さない。しかし、そのときは違った。私はこの銘柄の最初の強い値動きにほれ込んでいたので、放っておけなかった。私は覚悟を決めた。私はボックスの形成も天井の上抜けも出来高の増加も、何もかも無視した。この株が上げるたびに買っては、数日後にふるい落とされた。私はしょっちゅうブローカーに電話をかけ、エレベーターの操作係のようにヒューズ・ツールといっしょに上がったり下がったりした。数週間で四回も買い、そのたびにふるい落とされた。市場はどんどん上げていくのに、この銘柄は何週間もそんな調子で、腹立たしいほど横ばいを続けた。

パンチを食らって、ぼうぜんとし、やる気をなくした私は結局、三月で終わりにした。ヒューズ・ツールは先導株だったのかもしれないが、市場に夜明けが訪れるとすぐにまた眠りについた。先導株理論などその程度のものだ。私は苦々しくそう思った。

だが、その後、私は傷口に塩を塗られることになった。ヒューズ・ツールは

ダーカード©

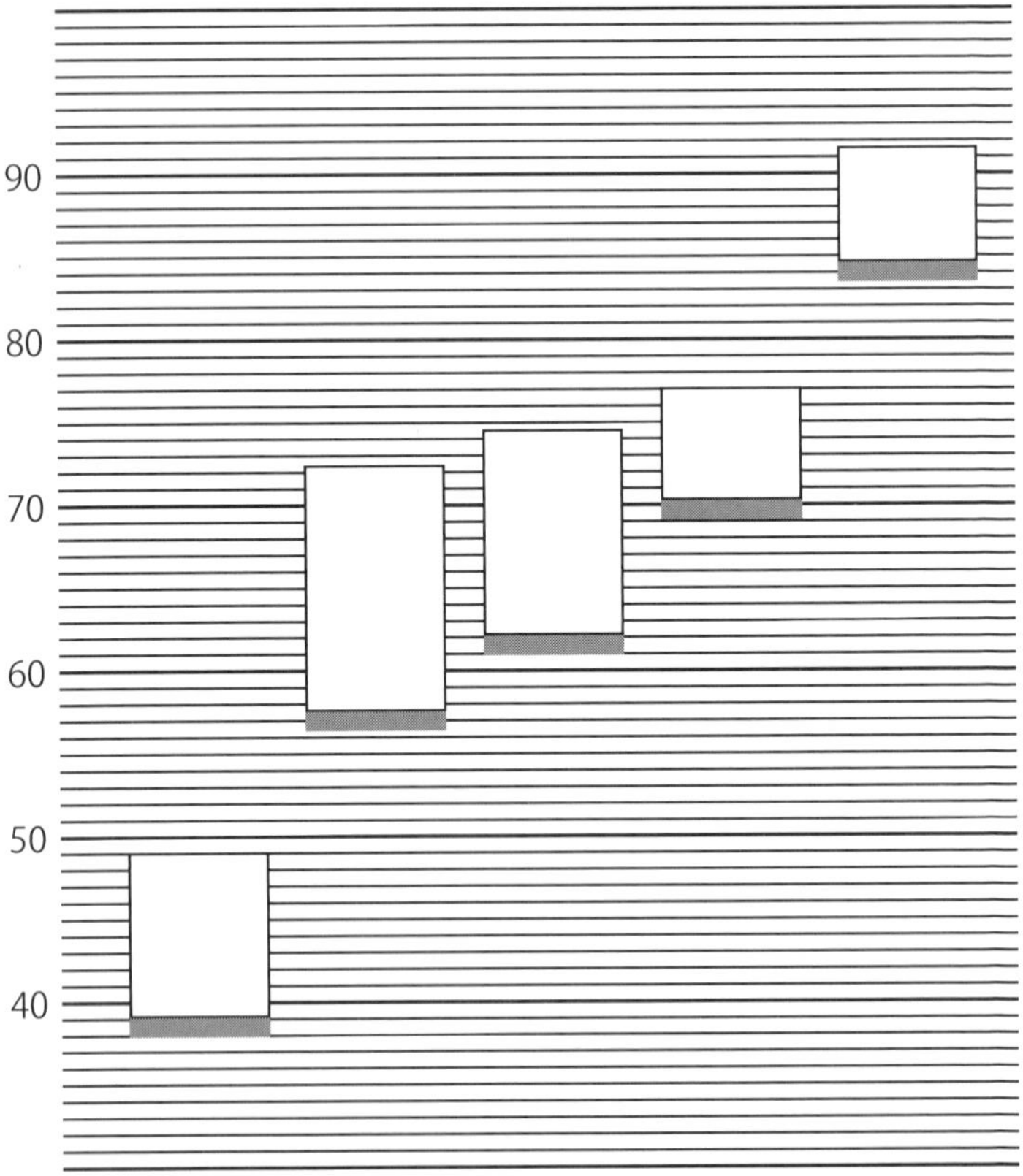

ヒューズ・ツール
（1975年5月）

（1975年に1対2の株式分割）

過去の値幅

	高値	安値
1973	190¼	41½
1974	186½	36¾
1975	104¾	61¾

四月に八〇ドルを超え、六月に九〇ドルを超え、八月に一〇〇ドルを超えたあと、一対二の株式分割が行われた。それはまるで、上昇する前に私がさじを投げるのを待っていたかのようだった！　このことを思い出すたびに、私はうんざりする。それは株価の動きのせいではなく、自分の振る舞い方のせいだ。

自分の過ちから学ばない人はしばしば同じ過ちを繰り返す。信じられないことだが、私は何年も前に乗り越えたはずの過ちを、また繰り返してしまった。私はそのころ、ニューヨークにいたため、取引所に近かった。私は愚かにも確実な自分の手法から逸脱し、絶えずブローカーに電話をして何度も買っては損をした。私は打ちのめされて当然だった。

幸いにも、私はストップロス注文に引っかかるたびに出る損がわずかになるようにしていた。これは自分の行動で唯一変えていなかったところだ。

このつらい経験で得た教訓は明らかだ。株を買うときには、何らかのシステム、つまり行動ルールが必要だ。どんな手法であっても、何もないよりはましだ。そして、ストップロス注文はだれでも使わなければならない危機回避措置だ。何らかのルールを持たずに市場に参加したり、正当な理由もないのに途中でルールを放棄したりするのは、かじのないボートで海に出るようなものだ。そうすれば、潮の流れと風に任せて当てもなく漂い、結局は沈没するはめになる。

第 10 章

待って、待って、その機会が訪れるまでじっと待つ

ヒューストン・オイル・アンド・ミネラルズは一九七四年九月から一一月までのわずか二カ月で、およそ一一ドルから三二・五ドルへとほぼ三倍になったあと、動かなくなった。私はヒューズ・ツールのトレードで最悪の事態に陥っていた一方で、ヒューストン・オイルが劇的な急上昇をする前に小休止しているのか、それともお楽しみはもう終わっていて、私は機会を逃したのかを注意深く見守っていた。ヒューズ・ツールで教訓を学んだので、私は二度と愚かなまねはしないと決心していた。今回は忍耐強く、用心深く、慎重に自分の手法に厳密に従い、早まったことをしないと誓っていた。

しかし、ヒューストン・オイルも同じだった。株価は来る月も来る月もじっとして動かなかった。この株は私の意図を分かっていて、私と張り合おうと決めているかのようだった。一九七四年は最後まで冷たい視線を向け合うだけで、どちらも相手が先に動くのを待っていた。ヒューストン・オイルと私はまるで無法者と保安官のように大通りの両側で向かい合い、どちらもコルト45を相手が先に抜いたらすぐに撃とうと身構えているかのようだった。高値は三二・五ドルで、私はそこをかなり超えるまで動かないと決めていた。

一〇月で六カ月以上たったが、まだ何も起きなかった。このころには、ほとんどの人はこの株はもう終わっているとあきらめて、ほかの銘柄に注意を向けていただろう。だが、私にとっては、待つことも一種の行動だ。それは株式市場での私の重要な切り札の一つだ。適切な機会が訪れるまでじっと待てるということも、成功に必要な条件だ。私はヒューストン・オイルがヒューズ・ツールと同様に、ボックスを上に抜ける前に私が耐えきれなくなるのを待っているように感じた。この株は私が忍耐力を失うまで待って、私があきらめた直後に撃つつもりのようだった。これは、本当に知恵と忍耐力と戦術の闘いになるだろう。

一〇月中旬には株価が三二・一二五ドルまで上昇した。それはまるで私がボックスを上にブレイクするのを見越して飛びつくように誘っているかのようだった。私は飛びつきたくてたまらなかった。私は上へのブレイクをひたすら待っていたので、お金を使いたくてうずうずしていた。だが、我慢していると、数日後に再び値を下げた。私は今ではしっかり見張っていた。ヒューストン・オイルは私とたわむれているのだ。私にはそれが分かった。このいまいましい株は私がヒューズ・ツールで愚かなまねをしたことを知っていて、また同じことをやらせようとしているかのようだった。私はわが目を疑った。私はあざ笑われていて、あやうく間違いを犯すところだった！

株価は突然、一一月の第二週に三二・八七五ドルまで急上昇した。それはボックスの天井からほんの〇・三七五ドル上だった。これは通常ならば、買いシグナルだったが、私は今ではこの株の性格が分かっていた。そのため、私ははっきりと上抜けするまで待つことにした。私はまだ銃を抜かないと決めた。私はなんて的確だったことか！　株価は再びボックスの天井を割り、その後数週間は一度も二七〜二八ドルを超えなかった。最初の上抜けで買っていたら、ヒューズ・ツールのときのように、数日でストップロス注文（損切り注文）に引っかかっていただろう。私は冷ややかな笑みを浮かべた。一回目はこの株を見抜けたと直感した。それは私をじらして誤解させ、出し抜こうとしたが、失敗したのだ。私は上昇が目前に迫っていると感じていた。

私は正しかった。最初の上昇から一年をはるかに超えた一九七六年一月中旬に、ヒューストン・オイルは勢いよく上昇して三四・七五ドルに達した。これだ！　私はブローカーに成り行きで八〇〇株を買い、一〇％下にストップロス注文を置くようにという注文を出した。その間、株価は三三～三五・五ドルのボックスを形成し、その後、二月初めに三五～四〇ドルの新しいボックスを形成した。ストップロス注文には引っかからなかった。二週間で株価は四五ドルに達し、三月には四対五の株式分割後に分割前の価格で五〇ドルに相当するところまで上昇した。

私は天にも昇る心地だった。私は勝った！　うんざりするほど長く待ち、この株とにらみ合いをしたが、それも報われた。買ってたった二カ月後に、株価はすでに買ったときよりも五〇％上げていた。さらに二カ月後に五四～六三ドルのボックスに入ったとき、私の資金はほぼ二倍になった。長く待っていたかいがあった（本書を執筆している時点で、株価は七〇ドルを超えている。これは四対五の株式分割前の価格では八七・五ドルに相当する）。

ヒューストン・オイルのおかげで、ヒューズ・ツールで失った自信を取り戻せた。それはまた、私が過去になんとなく気づいていたことを明らかにしてくれた。それは、人は自分が選んだ株のことを知っていなければならないという

ダーカード©

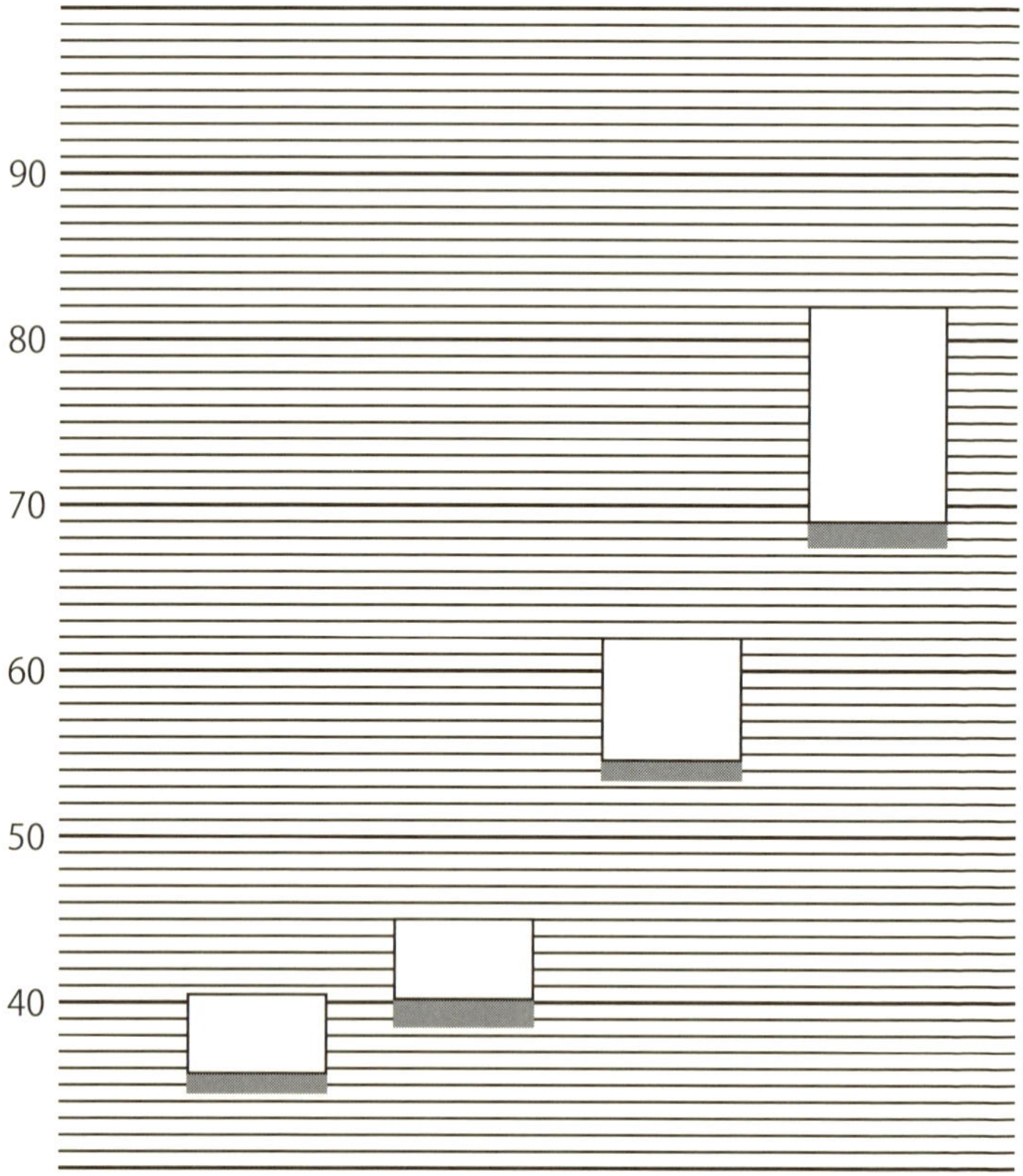

ヒューストン・オイル・アンド・ミネラルズ（1976 年 7 月）

（1973 年に 1 対 2 の株式分割、
1974 年に 1 対 2 の株式分割）

過去の値幅

	高値	安値
1973	68⅞	28½
1974	32½	11⅝
1975	32	19⅞

ことだ。これは会社やその製品や会社の歴史などを知っていなければならないという意味ではない。文字どおりに買いたい株の性格、個性、気分、動き方を知っていなければならないという意味だ。これはこじつけに思えるかもしれないが、実は、たとえ二つの銘柄がほかのすべての点でほぼ同じであっても、値動きは似ても似つかないことがあるのだ。動きが遅く、無気力で、にぶい株もあれば、値動きが激しくて落ち着きがなく、神経質で、わずかな出来事にも大きく反応する株もある。

私は何年にもわたってヒューストン・オイルとその値動きに慣れ親しんできたので、それがいかに扱いにくいお客のように振る舞うことがあるかを知っていた。過去の値動きの観察からこの株について知っていたおかげで、私はどの段階でも一歩先を行くことができた。このように詳しく知っていたことを武器に、私は勝ち組になったのだ。

第11章

どんな時代にも「ダーバス株」は常に存在する

それはまさに古き良き時代の再来だった！「ダーバス株」が信じられないほどの高値まで急騰するのを初めて見たのは一九五〇年代だったが、そのときに味わった爽快さを、私は再び感じていた。私はヒューストン・オイルに元気づけられて、自信を取り戻した。私は才能を失っていなかった。私はまだ株と格闘して勝つことができた。

最初の著書である『新装版　私は株で200万ドル儲けた』（パンローリング）が出版されると、私は運が良かっただけだと、多くの人に書かれたり言われたりした。「著者が株式市場に足を踏み入れたのは株価が急騰した一九五〇年代で、当時はあらゆる種類の新しくてわくわくするような株が誕生していたのだ。彼が株を始めたときは「エレクトロニクス」時代の真っただ中で、テキサス・インスツルメンツ、フェアチャイルド・カメラ、ゼニス・ラジオなど、この分野の数え切れないほどの株が文字どおり一〇倍になっていた。彼が特に賢かったわけではない。幸運にも良い時期に良い場所にいただけだ。そんな時代はもう終わったのだ」と、私は何度も言われた。私は株価の変動が激しい一九七〇年代にも、急騰した一九五〇年代のような「幸運」に果たして恵まれるだろうか。

　だが、そんな時代は終わっていなかったのだ！　「ダーバス株」はいつの時代にも存在する。株式市場で大儲けできる、素晴らしい機会は常にいくらでもある。エレクトロニクスと宇宙で沸いた時代は一九五〇年代で終わってはいなかった。今でも続いているのだ。人の器用さや独創性に限りはない。電子機器のあとにはコンピューター、半導体、レーザー、ミサイル、衛星、それに考えられるかぎりのさまざまな機器が発明された。発見や発展や流行が廃れないかぎり、「ダーバス株」は常に現れる。それらを初期の段階で見つけて、上昇トレンドにうまく乗るには腕が必要だ。それらは目の前にあって、発見されるのを待っている。

　そうした株を見つけるのに、干し草の山から針を探すようなまねをする必要はない。それらは市場を注意深く見ている人のアンテナで拾われるように、常に「シグナル」を送っている。株価の急上昇と出来高の急増、通常とは異なる株価の強さ、市場の下落トレンドに逆行する動きなど、これらはすべて、その株が上昇トレンドを形成しようとしているシグナルだ。

ヒューストン・オイルと私はリングの反対側からにらみ合っていた。それでも、有望株を見つけるために株式欄をくまなく調べる日課はやめなかった。私は少なくとも一日に三〇分をこの作業に費やすことを習慣にしている。これは株式投資には絶対に欠かせないことと考えている。株式欄を常に見ることでしか、大きな変化をとらえる目を養うことはできない。部屋にある家具を見慣れていたら、少しでもそれらの配置が変わったときに、すぐ気づくものだ。

相場は一九七六年九月末に突然、急落した。いつものことだが、だれもが大変驚いた。ダウ平均は一九七六年の大半を通じて、一〇〇〇ドルをはさんで上下し続けていたが、大きく上げることはできなかった。それが突然、上に抜けて三年半ぶりの高値を付けて、出来高は三〇〇〇万株に達した。揉み合いからついに抜け出したように見えた。しかし、それは相場の残酷なダマシの一つで、典型的なブルトラップ（強気のワナ）にすぎなかった。ほんの数週間後にダウ平均は八〇ドル以上も下げて、九カ月ぶりの安値を付け、投資家は強い警戒の目を向けた。相場は投資家を右で惑わしたあと、左ストレートを食らわせて驚かせた。彼らはパンチを食らってふらふらになり、予想外のことにぼうぜんとした。

そのため、一九七四年の秋に突然、劇的に始まった強気相場は、一九七六年の秋に予期しない劇的な終わりを迎えた。そのとき、私が保有していたのは三銘柄だけだった。ヒューストン・オイル（三四ドルで買い、現在は四対五の株式分割後で七〇ドル）、テレダイン（二七・五ドルで買い、現在は六八ドル）、ミッチェル・エナジー・アンド・ディベロプメント（二七ドルで買い、現在は四一ドル）だ。これらすべてに、相場の反落に備えてストップロス注文（仕切り注文）を置いていた。しかし、相場は弱かったが、私の保有株は実によく持ちこたえて、年初来高値近くを維持していた。

この二年間の強気相場にはサプライズや試練もあり、板挟みや不満な事態にも出合ったが、それにもかかわらず私は大きな利益を得ていた。しかし、もっと満足したことがある。それは「ダーバス株」を再び見つけたことが分かったことだった。これも、「幸運」に恵まれただけと言われるだろうか。そうかもしれない。だが、私の使った手法は二〇年前に初めて使った手法と何も変わっていなかった。私は上昇相場のときに、発展著しい業界に属する強い株を買って、どの段階でも反落から身を守るためにストップロス注文を置いただけだった。それは実に単純なものだった。運も味方をしてくれたかもしれないが、私の場合、成功は私の体系的な手法と生まれつきの慎重さを、経験をもとに組み合わせた結果だった。相場も会社も製品も連邦政府も、経済状況自体でさえも変化するかもしれない。だが、「ダーバス株」は常に存在していて、目ざとい投資家に発見されるのを待っている、と私は確信していた。人は今でも株で儲けられるのだ！

第12章
分散をしすぎては儲からない

私が約三〇年住んでいたパリのホテル・ジョルジュ・サンクには二人の親友がいる。フロントマネジャーのファルクッチ氏と受付の責任者のクライン氏だ。私たちはときどき、ラウンジに集まって酒を飲みながらおしゃべりをよくした。ある晩、静かに話し合っていたとき、ファルクッチ氏が話の真っ最中にいきなり、「あなたは今、株式市場について、また本を書いていますよね」と言った。私はさまざまな宿泊客に株式市場での問題や経験について質問をしていたので、そのうわさが広がったに違いないと思った。

「ええ、そのとおりです。今はそのための材料集めをしているだけです」と、私は答えた。

「実は、私のポートフォリオについてあなたの意見を伺いたいのですが」と、彼は言った。

私は驚いて姿勢を正した。ファルクッチ氏がホテルの運営と株への投資を両立させていると知ったのは、そのときが初めてだった。株式市場での経験について、彼に尋ねることになろうとは思ってもみなかった。

「あなたが株を持っているとは思いませんでした。今までどうしてそれを言わなかったのですか」と、私は尋ねた。

「持ち株についてあなたにアドバイスをしてもらおうと何度も思っていたのですが、うっかり忘れていたのです」

「株のことをうっかり忘れてはいけません。株は常に見張っておくべきものです」

「まあ、私はほかに考えないといけないことがいろいろありますからねえ。私は株券を引き出しの一番下に入れておけば、何とかうまくいって、やがて退職するときの蓄えになると思っていたんです」

「それらの株はどうやって手に入れたのですか。買った理由は何なのですか」

「ああ、裕福なアメリカ人たちが通りすがりに、よく株式市場の耳寄り情報をくれたんです。彼らが勧めた株は何でも買ったほうがいいと思ったのですよ」

と、彼は答えた。

私はもっと先が知りたくなった。「あなたが何年にもわたって買い集めた銘柄が何か、興味がわきますね。持ち株のリストを見せてもらえませんか」

「もちろん」と、彼はうれしそうに答えた。「明日の夜、ここで会ってまた話し合いましょう」

「約束ですよ」

私たちがこうしたやりとりをしている間、クライン氏は何も言わずに耳を傾けていた。そして、突然、口をはさんだ。「私の持ち株のリストも持ってきていいですか」

私はびっくりした。「えっ、あなたもですか！」と、私は大声で言った。

「ええ、私も長年にわたって株のポートフォリオを作ってきたんです。私もアドバイスをもらえたら助かります」

「それなら、あなたも明日の夜にリストを持ってきてください」と、私は言った。

私たちが握手をして別れたのは真夜中過ぎだった。なんという偶然だろう、と私は思った。世界でも指折りの国際的な高級ホテルのフロントマネジャーと受付の責任者が、とても裕福なアメリカ人たちに勧められた株をいろいろと持っているとは！　それらはどんな株なのだろうか。安全で保守的な優良株だけから成る退屈なリストだろうか。価値のないボロ株ばかりなのだろうか。あるいは、これまでで最も素晴らしい銘柄の宝庫なのだろうか。それは世間をあっと言わせるものかもしれない。私は翌日の夜が待ち遠しかった。

私たちが次の夜に会ったとき、私は興奮で緊張していた。ファルクッチ氏もクライン氏も、それぞれの持ち株と買った日をタイプしたリストを持ってきていた。私はそれらにざっと目を通した。持ち株の長いリストを見てすぐに受けた印象は、たくさん持っているな、だった。どちらのリストにも二〇銘柄くらいが載っていた。

これは分散のしすぎだった。

「どうして、こんなにたくさん買ったのですか」と、私は驚いて尋ねた。

「安全のためですよ。多くの銘柄に投資して『リスクを分散する』ようにと、お客様たちにアドバイスされたのです」と彼らは言った。

私はそのアドバイスは間違っていると思い、株の性質をまったく誤解していることを説明しようとした。実際に、私が言ったのはこうだ。「リスクの分散が役に立つのは、自分の持ち株のなかの一社が万が一、倒産した場合だけです。弱気相場で分散しても、身を守るためにはまったく役に立ちません。ほぼ例外なく、事実上すべての株が下げるからです。さらに悪いことに、分散すれば大いに不利になります。まず、お金を多くの銘柄に分散させると、せいぜい平均的な利益しか得られません。どんなポートフォリオでも、大きな利益は通常、少数の銘柄からしか得られないからです。ほかの銘柄は利益を増やす役には立たずに、パフォーマンスを下げるだけです」

二人はこうした私の見方に驚いた。

「もちろん、あなたはたった二つか三つの銘柄にすべての資金を投資したほうがいいと勧めているわけではないですよね」

「ええ、あなたが勧められた銘柄をすべて『試し買い』しても、何の問題もありません。ですが、それで終わらせてはいけません」と、私は言った。

私はさらに説明した。「たくさんの銘柄を買ったあと、下げたものや動かないもの、期待したほど上げなかったものは売ってしまって、上げたものに再投資するのが正しいやり方なのです」と。

また、「私の経験ではたいてい、強いものはもっと強くなり、弱いものはもっと弱くなります」と、私は言った。

「それから、お二人はどちらも忙しいので、そんなにたくさんの銘柄を見張るのは難しいでしょう？　気づかないうちに、いくつかが無価値になる可能性もありますよ」

二人は「そんな目に遭ったことはない」と言った。「何しろ、最高の人々に勧められた銘柄だから」と言うのだ。

「株式市場で絶対はありません」と、私は答えた。「いかに情報の信頼性が高く、どれだけ骨の折れる分析をしても、あるいは情報源がいかに確実なものでも、株には思惑とは正反対の動きをするという厄介な性質があるのです。言い方を変えれば、身を守るにはいつも用心しておくしかないのです。持ち株は常に見張っておかないといけません。だから、銘柄数は少なくしておくことが絶対に必要なのです」

私はポートフォリオを手に負えない子供たちのクラスにたとえた。三〇人のクラスよりも五人のクラスのほうがずっと規律を保ちやすい。一人が騒ぎ出しても、先生はそれがだれなのかすぐに分かって、指導することができる。だが、三〇人のクラスのだれかが騒ぎ出したら、先生はまずだれから指導すべきかが分からない。

「私は持ち株が遅かれ早かれ、手に余るようになることが分かっています。ですから、逆説的だと思うかもしれませんが、私は持っている銘柄数が少ないほど、安全だと感じるのです。これは間違いなく、数が多いほど安全という原則に反する例です」と、私は笑いながら言った。

ファルクッチ氏とクライン氏は次第に、株式投資はブローカーに注文を出して小切手を切るだけでは済まないことを認識し始めた。

「でも、私は自分の資金をすべて二つか三つの銘柄に投資する気にはとてもなれません。それはとても危険な考えに思えます」と、クライン氏が言った。

そのことにはファルクッチ氏も同意した。「自分の資金のすべてが二つか三つの銘柄の動きにゆだねられていると思うと、とても恐ろしいです。夜も眠れません」

「そう思うのは当然です。私が物事に動じない人間だと思っておられるのなら、それは間違いです。株式市場で私ほどの小心者はいません。だからこそ、私はストップロス注文の置き方をいつも考えています」

私は二人にストップロス注文とは何かを説明しなければならなかった。

私はきっぱりと言った。「永遠に上げ続ける株はありません。ウォール街で言われるように、『空まで伸びる木はない』のです。今日は上昇トレンドであっても、それがいつ終わって反落するかを知る方法はないのです。私は投資歴が浅いころ、自分の成績が振るわない大きな原因の一つは下げている株を売り損ねることだと気づきました。そこで、私はずいぶん前から、適切な値動きをしない株は自動的に売る仕組みを取り入れたのです。私のすることは、株価が一定水準を下回ったら売るように、とブローカーに事前に指示しておくことだけです。この仕組みのおかげで、私はいつ売るべきかという悩みから解放されました。ストップロス注文を置いておけば、私に代わって決断を下してくれるので、心置きなく眠れました」

また、ストップロス注文なしには絶対に解決できない大きな利点がもう一つあることも、伝えるつもりだった。このおかげで、私は弱気相場で大損をする前に手仕舞えたのだ。私が一九六〇年代と一九七〇年代のぞっとするような弱気相場で大きな打撃を受けずに済んだのは、損切りを早くするこの戦略のおかげだった。だが、フルクッチ氏もクライン氏も、これまでに弱気相場が何度かあったことすら気づいていないようだと、ふと思った。気づかないでいることが幸いなときに、賢さを見せるのは愚かなことだ。

「このポートフォリオについてどう思いますか」と、クライン氏が身を乗り出して尋ねた。

「あなたのポートフォリオは耳寄り情報の素晴らしさと無意味さの良い例ですね」と、私は答えた。

彼は私の返事の明らかな矛盾に戸惑いを見せた。

「どういう意味でしょうか」と、彼は尋ねた。

「あなたのポートフォリオに入っているほぼすべての銘柄で、あなたは一財産築けたでしょう。それらを適切なときに買って、適切なときに売っていればですが！　残念ながら、耳寄り情報がそんな風に手に入ることは絶対にありません。たいていは、だれかが何らかの理由で良いと思っている銘柄を買うように勧めてきます。ですが、その情報を手に入れたころには、株価はすでに天井を付けていて、下げ始めているかもしれません。そのときはもう買うには遅すぎるので、避けなければなりません。あるいは、上げているときに買っても、適切な時期に売らないでいると、また買値まで下げるか、もっと下げてしまう可能性もあります。それが耳寄り情報の問題点です。最も重要な情報である、いつ買って、いつ売るかが抜けているのです。でも、それがなければ、耳寄り情報は役に立ちません」

私はさらに言った。「ラムズを例に取りましょう。会社名がシーザーズ・ワールドに変わる前、このファミリーレストランのチェーン店はフランチャイズブームに乗りました。当時の株価は二〇セント前後でした。それが五年間で三〇〇ドルまで上げたのです。そして、のちに二七ドルまで暴落しました。ラムズは良い耳寄り情報だったでしょうか。それは一ドルで買ったか、三〇〇ドルで買ったかによって変わります。値動きの方向を調べずに買うのは目隠しをしてエレベーターに乗るようなもので、上がるのか下がるのか分かりません。私の知っているマイアミのタクシー運転手は、不幸にもこの株価のエレベーターに乗って上がったり下がったりしていました。彼は有り金すべてで、ラムズを二〇セントで買っていました。それを三〇〇ドルまで持ち続けて、億万長者になりました。残念なことに、彼はそれでも株を手放さずに、また貧乏になったのです」

「でも、それほど激しく変動するのは本当に投機的な株だけですよね」と、ファルクッチ氏は言った。「大手企業の株を買えば、それらを引き出しにしまって放っておいても、一〇年後もうまくいっていると思いますが」

「完璧で変化がない世界では、そう言えるかもしれません。ですが、現実には、どの株もそれほど安全と見ることはできません。最も『安全な』会社でも、国内外での競争の激化や新製品の発明やキャッシュフローの悪化など、さまざまな原因によって壊滅的な打撃を受け、株価が大きく下げることもあります。株式市場はつぶれた『優良企業』だらけです。市場はひたすら動き続け、それらの企業は忘れ去られていくだけです。それらの会社名を並べるだけで、一冊の本になるほどです。どれほど定評ある会社に見えても、私はどんな株も絶対にほったらかしにはしません」

クライン氏がさえぎった。「分かりました。でも、私たちは倒産しそうな会社や『一時的にはやっている』会社の話をしているのではありません。ＩＢＭやゼロックスやポラロイドのように、世界のどこを見ても競争相手がいない会社のことを言っているのです。そういう会社の株価はびくともしないと思いますが」

私は答えた。「理屈からすると、そう思ってても無理はないのですが、相場は理屈どおりには動きません。ＩＢＭは三六五ドルの最高値から一五〇ドルの最安値まで下げましたし、ゼロックスの史上最高値は一七二ドルですが、その後は四八ドルまで下げています。そして、ポラロイドの最高値は一四九ドルで最安値は一四ドルなのです」

「でも、それらはまた上げるでしょう？」

私は肩をすくめた。「そうなるという確証はありません。しっかりした会社の株ですら、多くは今でも一九七一年の水準にも達していません。一九七三年の水準となると、はるか上です」

私たちは観念的な話をしていて、のどが渇いた。そこで、ウエーターを呼んで、ビールを注文した。

「では、解決策は何でしょう」と、ファルクッチ氏が尋ねた。

「解決策は一つだけです。株価を見張っておくしかありません。上げているうちは手放さずに、大きく下げたら売るのです。株と結婚してはいけません。長い目で見ると、すぐに離婚したほうが安くついて、痛みも少ないことが多いのです」。私たちは笑った。

クライン氏が口を開いた。「はっきり言うと、そんな風にしょっちゅう買ったり売ったりして、猫がネズミを見張るように持ち株をいつも見守っておくなど、私にはできそうにありません。そうしないと、成功することも身を守ることもできないと言われるのなら、銀行に預金しておくほうがましです」

私は答えた。「まあ、だれもが株式投資に向いているわけではありません。ある程度の時間を割くことができないとか、その気がない人は投資に手を出さないほうがいいでしょう。ですが、あなたはすでに株を持っているのですから、利益をできるだけ増やそうと心がける意味はあると思います。そして、そのためには、受け身ではなく、積極的にかかわる必要があります」

ファルクッチ氏はタバコの煙をくゆらせながら言った。「どうして株価が大きく変動するのか、戸惑ってしまいます。急上昇やうんざりするほどの下落が、その会社の事業とどう関係しているのか分かりません。私にはまったく理解できないのです」

「私も長い間、とても戸惑っていました」と、私は答えた。「会社が増益を発表したにもかかわらず、株価が急落することはよくあります。奇妙に思えるかもしれませんが、逆に、赤字か、何年も配当をしていない会社なのに、株価が急騰することもよくあります。あなたの持ち株の一つであるグレート・ウエスタン・ユナイテッドもそんな感じでした。一九七四年に株価が三ドルから三一ドルまで上げたので、私も注目したことを覚えています。その会社について調べたとき、収益面がひどいことに気づきました。会社は赤字で、しかも一九七一年から七三年まで赤字幅は拡大していたのです。事業はテンサイ、土地、ファストフード関係でした。この点でも、特に画期的なものはありません。それでも、株価は一年で一〇倍になったのです」

「バカげているように見えますが、何か正当な理由があるはずです」と、クライン氏が言った。

私は答えた。「多くの人は、株価は会社の収益や配当や資産などで決まると信じて疑わないのですが、それは違います。株価は投資家の将来に対する期待や感情や意見で決まるのです。希望的観測で株価が決まることさえあります。このことに気づいたときに初めて、分かり始めるのです。赤字で利益が出ていない会社でも、将来的に収益の改善が見込まれるというだけで、実際には一度も改善しなくてさえ、株価が上昇することもあるのです。逆に、高収益の会社でも、株主が会社の将来はそれほど明るくないと考えていれば、それが正しいかどうかに関係なくですが、株価が急落することもあります。ですから、私は一株当たりの『価値』を示すと主張するアナリストの計算をほとんど重視しません。株価は一株当たりの理論的価値で決まるのではなく、このくらいと市場がみなす価値で決まるのです。最終的に市場が『正し』かろうと『間違って』いようと、それは関係ないのです」

「あなたはこんなに激しい上昇や下落に合理的な根拠がないことは珍しくない、と言っているのですか」と、ファルクッチ氏は驚いて尋ねた。

「まさにそういう意味です」と、私は答えた。「分かりやすい例として、鉱業株を見てみましょう。ウランか金かニッケルを発見したといううわさが流れる

ダーカード©

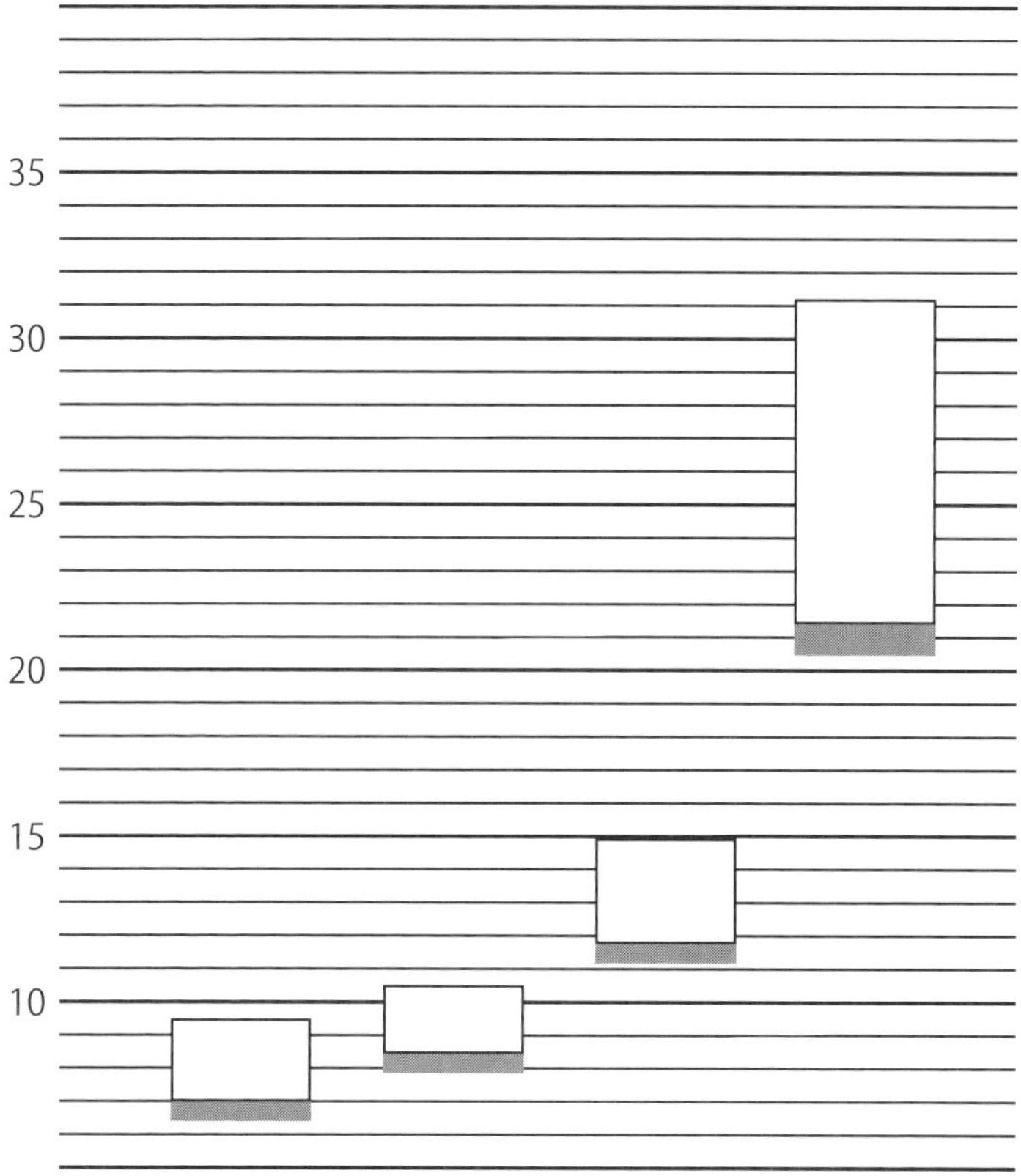

グレート・ウェスタン・ユナイテッド
（1974年12月）

過去の値幅

	高値	安値
1972	19¼	6⅛
1973	18¼	1½
1974	31¼	3⅛

と、株価は急騰します。その『鉱山』は地面に掘った穴にすぎず、一〇年以上たっても産出の見通しがまったくないにもかかわらずです。やがて、人々がわれに返って、バブルがはじけると、株価は暴落します。そして、投資家はやけどの手当をするために、すごすごと去っていくのです」

「まあ、少なくとも私たちは鉱山株に手を出さないという良識はありました」と、クライン氏が言った。

私は話を続けた。「断っておきますが、業績が良くても株を買う理由にならない、と言いたいのではありません。業績が好調で、だれもがそれを知っているという理由だけで、株価が上がることもときどきあります。例えば、MCAを見てみましょう。私はショービジネスの世界に入ったばかりのころから、取締役会長のルー・ワッサーマン氏を知っていました。それで、私はいつもその株を好意的に見ていました。その会社の歴史は波乱に満ちていました。もともとはタレント事務所で、私がショービジネスの仕事をしていたときは、私もそこをエージェントにしていましたが、その後は映画制作にも進出しました。のちに、反トラスト法が適用され、ロバート・ケネディ司法長官によって解体されましたが、今日では一流の経営陣がいる複合企業です」

そして、また私は言った。「MCAは『ジョーズ』という映画が大ヒットして、公開後の一週間で興行収入は七〇〇万ドルに達しました。一九七四年はその大成功の話題で持ちきりだったので、この会社の株は明らかに『買い』だと思えました。ですが、株価の動きを確かめると、ちょっと気に入らないところがありました。値動きがあまりにも不規則だったのです。私はこれには手を出さないほうがいい、と思いました。ですが、良くないとは思いつつ、買いたいという気持ちに負けて、一〇〇株だけ七二ドルで買い、うまくいくか様子を見ました。私は二日後に、六四ドルでストップロス注文に引っかかりました！　私は八〇〇ドルぐらい損をして、二度とその株には手を出しませんでした。深く付き合わないほうがいい友人もいるのです。ですが、業績という点では、ここは一流企業で、ここの株を買って儲けた人はたくさんいます。私がうまく売買できなかっただけなのです。株式市場にも流行があり、人気株がときどき、現れます。あなたの持ち株のいくつかもかつてはとても人気がありましたが、今では見る影もなくなっています。例えば、チャンピオン・ホームズはとても人気

ダーカード©

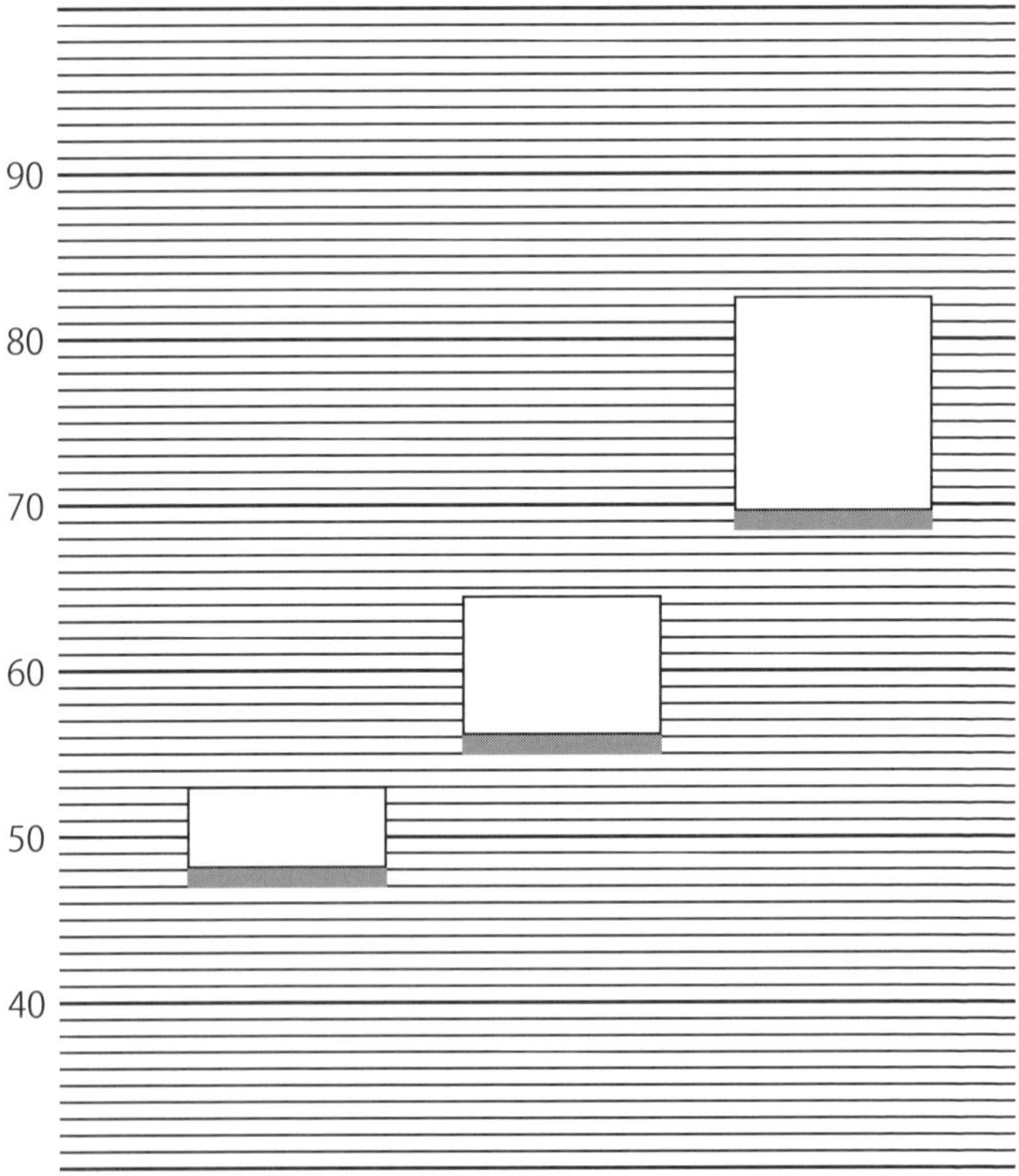

MCA
（1975 年 8 月）

（1975 年に 1 対 2 の株式分割）

過去の値幅

	高値	安値
1972	34¼	17¾
1973	28⅞	19⅛
1974	89⅛	27¾

がある移動住宅株の一つでした。ですが、突然、人気がなくなって株価は暴落しました。確か、史上最高値の二六ドルくらいから二ドル以下まで下げたはずだと思います」

クライン氏は苦笑いをして、「私たちはそれらの株を買うよりも売ったほうが良かったのでしょうね」と、言った。

「そのとおりです」と、私は言った。「私は一九五〇～六〇年代の強気相場を生きてきたので、いつも上昇する株を買おうと考えがちでした。ですが、今日の弱気相場では株価が急落しているので、空売りをする勇気があるのなら、そうする利点はたくさんあります」

「空売りって、何ですか。それをするには何が必要なのですか」と、ファルクッチ氏が尋ねた。

「それについて説明する前に、まずはビールをもう少し飲みましょう」と、私は言った。私はウエーターを呼んで、「フランソワ、レーベンブロイを持ってきて。キンキンに冷やしたのをね」と言った。

ビールが注がれている間、私は空売りとは一体、何かの説明を試みた。

「空売りとは、安値で買い戻せると考えて、持っていない株を売ることです。あなたの利益は、売ったときの株価とあとで買い戻したときの株価の差です。自分が持っていない株をどうして売れるのか理解に苦しむ人が多いのですが、実はすごく簡単なことなんです。自分が売りたい株をブローカーから借りるだけなのです。市場が着実に上昇トレンドだった時期は、空売りには不向きでした。でも、ここ数年の急激な弱気相場では、わずか一八カ月で市場は五〇％も下げています。ですから、下落相場で空売りするのは上昇相場で買うのと同じくらい理にかなっているように思えます。私は心理的に空売りに向いていないので、自分では一度も試したことがありません。ですが、今は相場つきが大きく変わっているので、経験豊富な投資家はだれでも、空売りを真剣に検討すべきだと思います。ただし、空売りはいわゆる安定配当を目指す人向きではありません」

私は自分で話しているうちに突然、ダークカードを簡単に空売りに応用できることに気づいた。ダークカードを上下逆さまにして、ストップロス注文を置く赤い領域をボックスの下部ではなく、上部に置き換えればよいのだ。したがって、株価が赤の領域まで上げたときは、株を買い戻すシグナルになる。今まで、これを思いつかなかったことに私はわれながら驚いた。

「うーん、私はこれまで受け取ってきた耳寄り情報に価値があったのかどうか、分からなくなってきました」と、ファルクッチ氏が考え込むように言った。「耳寄り情報は善意で教えてもらったように思えるので、それに従って動きたくなります。何よりも、買うようにと言われた株を買わなかったとき、株価が三倍になったりしたら、自分に腹が立ちます」

私は答えた。「その気持ちは分かります。あなたはこうすればいいと思います。ある株を買うように勧められたら、まず市場全般が上昇しているのか下落しているのかを確認するのです。つまり、そのときが強気相場なのか、弱気相場なのかを確かめるのです。後者ならば、手を出さないことです。あなたにとっては不利な状況だからです。反対に、市場全般が強ければ、勧められた株がどういう動きをしているかを確かめてください。上げているのか、それとも下げているのか。最近は力強い値動きか。年初来の高値近くなのか、それとも安値近くなのか。株価の動きが強ければ、私ならば買うでしょう。それほど大きな動きがないように見えたら、上にブレイクするまで待って、ブレイクしたときに買うのです。どちらの場合でも、買ったときには、一〇％くらい下にストップロス注文を置いて、身を守るべきです。これは絶対に欠かせないのですが、ほとんど見落とされがちです。また、下げ始めたときに、絶対にしがみつかないようにするべきです。含み益の二〇％以上をけっして市場に戻してはいけません。これらの予防策のどれも、詳しい調査や幅広い知識は必要ありません。新聞を見さえすれば、知りたいことはすぐに分かります。だれかに勧められたというだけで、やみくもに買わないことです。お金持ちのアメリカ人たちから得る一流の情報に、これらの簡単な予防策を加えたら、すぐにホテルを買えるくらいになりますよ！」

ファルクッチ氏はゲラゲラ笑い、クライン氏も笑った。私たちはみんな立ち上がって伸びをした。私は突然、ひどい疲れを感じた。驚いたことに、ホテルのラウンジはいつの間にか、私たち三人だけになっていた。私は腕時計をちらりと見た。午前二時だった！　どうりで、へとへとになったわけだ。五時間以上も話していたのだ。知的刺激があって、有益で、考えさせられる夜だった。ファルクッチ氏とクライン氏が現実に目覚めただけでなく、私も彼らの質問から多くのことを学んだ。彼らのポートフォリオ、彼らの質問や気持ちによって、私は自分が株式市場に足を踏み入れた日々を思い出した。私はかなりの過ちを犯したが、自分の過ちから学び、それらを生かせるようになった。

「私がお役に立てていたら、うれしいです」と、私は言った。「それから最後に一つだけ言わしてください」

「それは何ですか」と、彼らは尋ねた。

私はグラスを持ち上げて、「あなたの最初の一〇〇万ドルに乾杯」と冗談で言った。

ぐったりして眠りにつくときでも、彼らの笑い声が聞こえてきた。

ファルクッチ氏のポートフォリオ

ディズニー
デジタル・イクイップメント
イースタン・ガス・アンド・フュエル
ハワード・ジョンソン
マクドナルド
グロリエ
AT&T
ピッツトン
ポラロイド
ボーイング
MCA
IBM
イーストマン・コダック
アムコード
ゼネラルモーターズ
エクィファクス
メリルリンチ
ベーシック
レイノルズ・メタルズ
アメリカン・ブロードキャスティング
アムバック
オートメーション・インダストリーズ

クライン氏のポートフォリオ

- エイボン
- チャンピオン・ホームズ
- レーヴィッツ・ファニチャー
- ゼロックス
- ジョイ・マニュファクチャリング
- ポンデローサ
- オートマチック・データ
- バブコック・アンド・ウィルコックス
- ジェネラル・アメリカン・オイル
- サンテFeインターナショナル
- バンガー・パンタ
- ロウズ
- データ・ゼネラル
- スカイライン
- アシュランド・オイル
- アメリカン・ジェネラル・インシュアランス
- シュルンベルジェ
- タンディー
- テレプロンプター
- ITT
- ナショナル・セミコンダクター
- 3M

ダーバスのポートフォリオ

- テレダイン
- ミッチェル・エナジー
- ヒューストン・オイル
- バリー

第3部
ポートフォリオの構築法

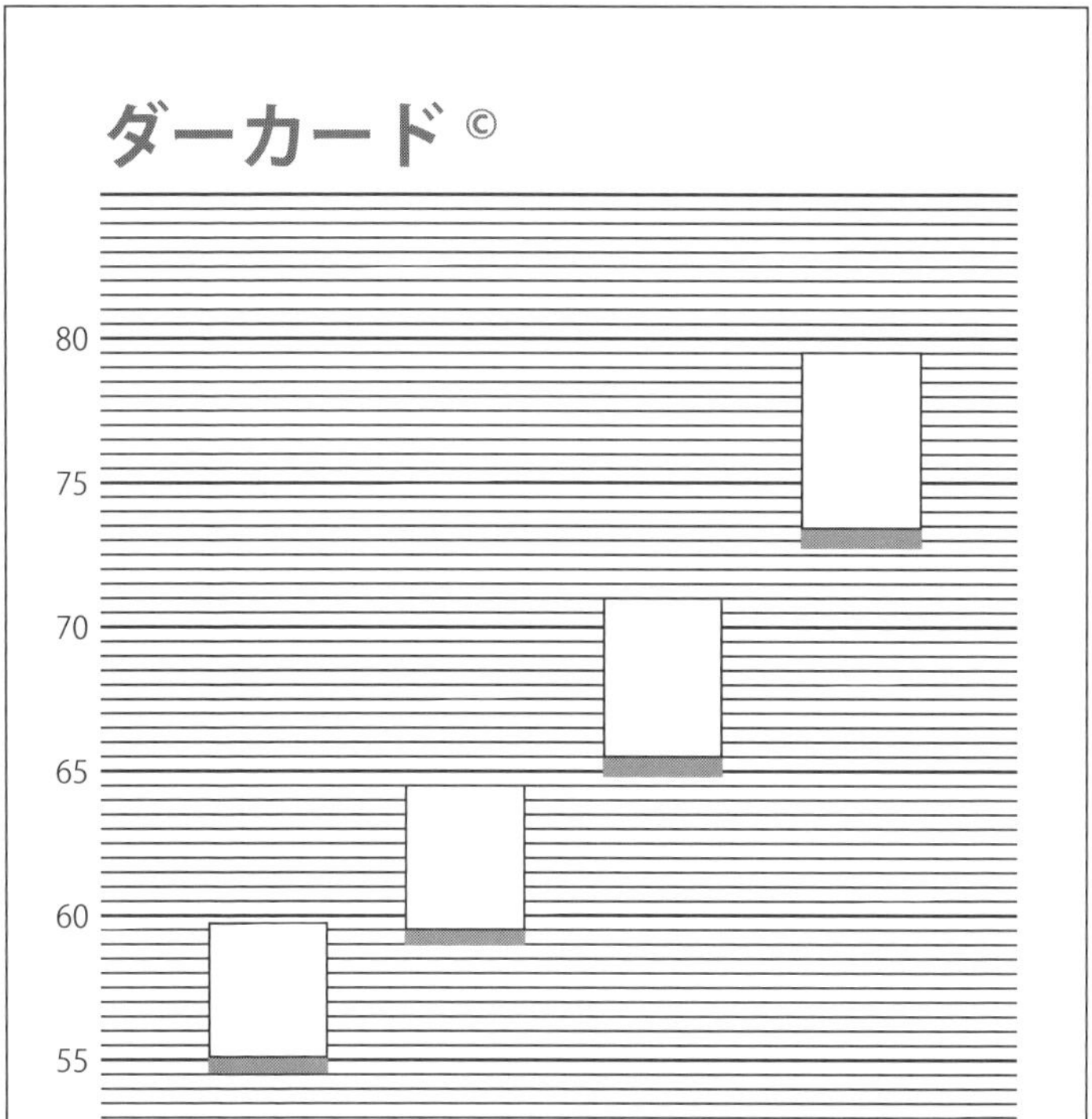

第13章

今も昔も人は耳寄り情報を探している

昔からの親友であるファルクッチ氏とクライン氏との株式投資についての話は深夜に及んだが、その話題は予想どおり、そこで終わりにはならなかった。理由は、私が彼らのポートフォリオに魅了されたからだ。もちろん、通常の意味ではない。彼らの持ち株に特に驚くことは何もなかった。少なくとも、私になじみのない銘柄や状況はなかった。魅了されたのはそれら二つのポートフォリオのまったく別の側面だ。

私はきちんとタイプされたポートフォリオの一覧をナイトテーブルの上に置くと、寝てしまった。翌朝、それらを見たとき、どちらも一九六〇年代後半から一九七〇年代初めに注目を浴びた株がずらりと並んでいることに気づいた。この時期には、多くの投資家が苦労した。このころのさまざまな出来事のせいで、私はやり方を見直して、再び自分で実証済みのトレードルールに厳格に従うようになったのだ。彼らのポートフォリオがあれば、その時期を振り返って、これらの銘柄を勧めた人々がどういう期待を持っていたのかが分かるかもしれない。

結局のところ、これがファルクッチ氏とクライン氏の投資法だったのだ。つまり、著名なお客たちが勧めた株を買うという方法だ。

ホテル・ジョルジュ・サンクは教養があって情報通の人が世界中から集まるところだ。そして、これら二つのポートフォリオ内の銘柄を当時、買うようにと勧めた理由がはっきりと分かれば、全世界が進行方向を変えて未知の海域に向かっているように見えた時期に、投資家を動かした希望と恐れのとても良い縮図が得られるだろうと思った。

豊富な知識を持つ国際的な投資家の相場の見方に、当時の不安な時期はどういう影響を及ぼしたのだろうか。

私と同じように、彼らも自分の考えや手法を検討し直すだろうか。もしそうなら、私の投資に役立った新しいやり方を彼らも同じように学んだという証拠は見つかるだろうか。

当然だが、その日の朝にロビーに行ったとき、私はわくわくしていた。一九六〇年代後半から悩まされてきた市場環境で、国際的な投資家たちは銘柄選別の手法にもっと精通し、現実的になっただろうか。私はファルクッチ氏とクラインー氏に会って、それを見つけたくてたまらなかった。

しかし、ファルクッチ氏の言葉で、期待はすぐに裏切られた。私は彼がだれから株を勧められたかを知る必要があると言い、その理由を説明した。だが、彼はただ微笑み、肩をすくめて言った。

「あなたが何をどういう理由で望んでおられるのかはよく分かります。ですが、残念ながら、お役には立てないと思います。ご存じのように、私は忙しい人間なので、私のポートフォリオ内の銘柄をだれが最初に勧めたのかと聞かれても、どうしても思い出せません」

クライン氏も答えは同じだった。

そのため、その朝はいらだたしかった。私は情報通の国際的な投資家が投資哲学を変えるのを記録するというアイデアを思いついて、わくわくしていた。だが、それができなかった。しかし、私はやっと気づいた。彼らが最初に情報を教えてくれた人々を忘れていても、この計画を実行する方法はあるのだ。毎週、ホテル・ジョルジュ・サンクには世界中を行き来している人が次々に訪れる。そのほとんどの人にとって、それは家に帰ったような気分だ。それで、会話は打ち解けている。私はその会話の途中で株を、特に過去一〇年の株を話題にすればよいだけなのだ。

私の経験では、今どういう株を持っているかを話したがらない人はいるが、以前に持っていた株についてなら、ほとんどの人がすぐに思い出話をしてくれるものだ。なかには話に尾ヒレがついていることもあるし、記憶があやふやなため多少は不正確な話もある。だが、私の調査のためには、記憶が少しばかりゆがんでいても役に立つ。私は彼らが実際に株で儲けたのかどうか、ましていくら儲けたかには興味がなかった。興味があったのは、その株を買えば儲かると彼らが思った理由だけだった。赤字の会社でも、今後は黒字になると予想する人が多くいれば、株価は上昇する可能性がある。

それで、私はうきうきして昼食に出かけた。ホテル・ジョルジュ・サンクのロビーとラウンジとバーで数週間、「調査」をしさえすれば、ファルクッチ氏やクライン氏の持ち株のような銘柄で儲けられると人々が考えた理由のいくつかは分かるだろう。

昼食を取っていると、ファルクッチ氏が思いがけない喜びをもたらしてくれた。彼は私のテーブルまでやって来て、株を勧めてくれた一人を思い出したと言った。その株はグロリエで、情報はパリの有名ホテルの支配人のマックス氏からもらったという。これを思い出したのは、まだ株を買い始めて間もないころに勧められたので、記憶にはっきりと残っていたからだそうだ。

私はその日の午後に調査を始めることができた。マックス氏はその日もジョルジュ・サンクにあいさつ回りに来ていた。そのため、私は彼に尋ねることができた。

「ファルクッチさんと私は先日、彼の持ち株について話し合っていました。彼はグロリエ株を買ったことを覚えていて、記憶違いでなければ、その株について最初に彼に教えたのはあなただということでした。どうして、それを勧めたのか覚えておられますか」

「ずいぶん前のことですが、グロリエ株を買った理由も、ファルクッチ氏に買うように勧めた理由も覚えていますよ。それは、一言で言えます。スプートニクです」

「スプートニクですか?」。私はちょっと驚いて、聞き返した。「ですが、ロシアの人工衛星と百科事典の会社にどういう関係があるのでしょうか?」

「ああ、それは簡単です。私のホテルでは、総会や国際会議が開かれるんですよ。あるときにはエネルギーについて議論されます。また、あるときにはエコロジーについて議論されます。そのときは、世界中から出版社が集まる会議がありました。ロシアがちょうどスプートニクを打ち上げて、初めて宇宙に達したため、アメリカではロシアに追いつく必要性について多くの議論がなされていました。これは教育を充実させることを意味するので、私は学生たちが本を読んで学ぶだろうと考えたのです。それで、私は出版社の総会で尋ね回ったのです。アメリカのどの家庭でも子供に買い与えたがる本は、どこの出版社から出されているのか、と。ロシアに追いつくために、もっと賢くならないといけないのなら、子供たちが落ちこぼれるのは望まないでしょう。だから、彼らは本を買い与えるはずです。それで、グロリエにたどりついたのです」

「それはまったく、もっともな話に聞こえます。ですが、あなたはまだグロリエ株をお持ちなのですか？」

「いいえ、ずっと前に売りました」

「では、ファルクッチさんにも売るように言われましたか？　彼は株価が三八ドルの高値に達したあと、下げて、ここ二〜三年は三ドル以上になるのに苦労しているのに、まだ手放していないかもしれません」

「おそらく、彼に売るようには私は言っていないと思います。実は、だれに対しても売るようにと言うことはめったにありません。彼らがその株を手放しているのなら、売るようにというアドバイスは退屈なだけでしょう。また、私が売った株を、彼らがまだ持っていたら、仲間はずれにされたと思う恐れがあります。ですから、友人や知人に株について話すときは、良いことしか話しません。国際的な大ホテルでお客様をお迎えする立場として、彼らが眠れぬ夜を過ごすことになりそうな話はできませんから」

私は「それは分かります」としか返事のしようがなかった。そして、思った。投資の素人よりもまずいのは、投資顧問の素人かもしれない、と。

そのとき、マックス氏から次のような提案をされた。「私の理解が間違っていなければ、あなたの助けになる方が私の働いているホテルに住んでおられます。アルバネーゼ伯爵夫人です。彼女の称号は本物で、亡くなられた夫である伯爵の家系はすべて優れておいでです。彼女はかつてアメリカで踊り子をしていました。そして、彼女の親友たちは忘れたがっているのですが、彼女はミス・アイオワになったことがあるはずです。彼女は株を幅広くお持ちです。彼女の夫は彼女よりもかなり年上だったので、奥さまが未亡人になったときにどうやって生活するかを大変な苦労をして教えておられました。ですから、彼女は自分のポートフォリオ内のすべての銘柄について、保有されている理由をご存じのはずです」

私はマックス氏の提案に大喜びした。そして、何度か電話をかけたあと、彼女のホテルの豪華な大広間で夕食を取った。彼女は非常に魅力的だった。生まれはアメリカだが、ヨーロッパに長く住んでいたので、有能なヨーロッパの女性になっていた。生活のあらゆる方面に通じていて、町のどこで最高の肉が買えるかだけでなく、どこの店の値段が妥当かも知っていた。

デザートを取りながら、私は質問を始めた。「マックスさんから、あなたは腕が良くて情報通の投資家だと聞きました」

「彼はお世辞が上手なんです。この分野について身につけた知恵は、ポートフォリオの株とともに夫から受け継いだものです」

「それで、ご主人はあなたのためにどんな銘柄を集められたのですか」

「私は伝統的な『安定配当株』だけに投資しています。伯爵はブローカーをいつも警戒していました。疑うことを知らない未亡人を食い物にし、手数料を稼ぐために売買を繰り返させる無節操な業者がいると思っていたのです。それで、彼はずっと持ち続けても安全そうな銘柄を私に買わせました。例えば、私はAT&Tをかなりの株数、持っています。これほど広く受け入れられていて、安全な方法があるでしょうか？」

「ブローカーのひどいやり方については、伯爵にまったく賛成ですが、彼の『バイ・アンド・ホールド』の方針についてもう少し知りたいのです。伯爵はなぜAT&Tに長期投資をしても安全だと思われたのでしょうか？」

「一言で言えば、三〇〇万人近い株主がいるからです。それは強力な政治的圧力になります。電話料金は政府に規制されていますから、電話会社には政治的な影響力が必要です。AT&Tの収益に何らかの脅威があれば、三〇〇万人の株主の少なくとも一部は議員たちに手紙を書くかもしれません。ですから、AT&Tに対する最近の独禁法違反訴訟についても心配していないのです。訴訟の結果がどうなっても、三〇〇万人の小口株主が永遠に回復できないほどの損害を被ることを政府がする可能性は低いでしょう。そして、もちろん、遠距離の人と話せることほど魅力的なサービスを提供できる会社はほとんどありません」

私はできるかぎり気を配って、当たり障りのない話し方で言った。「そうかもしれませんが、どうして、わざわざ株を買われるのですか。AT&Tは十分に『安全』かもしれませんが、値動きもほとんどありません。電話債券のほうがリターンが良くて、心配も少ないのではないでしょうか」

「私は暮らしに不自由はしていませんが、ときどきちょっとした贅沢品が欲しいときには株を売る必要があります。それでも、できるだけ現実的にしようと心がけています。もし債券で運用をしていたら、一度に一〇〇〇ドル近くと、かなり大きな額の単位で現金化する必要があります。すると、ぜいたくをしたくなるでしょう。ですから、私は株で満足しているのです。株なら、必要に合わせて売る額を調整できます。そして、先を見越して計画を立てるようにすれば、持ち株をとても有利な時期に売って、債券では難しい利益を少しばかり稼ぐことができます」

「素晴らしいですね。あなたはご自分に理解できて、ご自分の必要に合った投資プランを見つけるという、ごく少数の投資家しかできていないことを成し遂げられたようですね。もちろん、あなたの計画が私の役に立つわけではありません。私は行動するのが好きな人間です。それに、相場に関しては、あなたのほうが私よりも勇気があります。AT&Tのように、来る年も来る年も株価がほとんど動かないと、突然に崩れて、大きく下げるのではないかと、いつも心配になります」

私はファルクッチ氏のリストを見た。「IBMはどうでしょう。それはバイ・アンド・ホールドすべき銘柄でしたか」

「もちろんです。IBMもまったく心配ない銘柄です。夫は世界中のどの株よりもIBMに多くの資金が投資されている――株価が二五〇ドルだったときの時価総額は三五〇億ドル――ことにいつも感心していました。また、IBMも政府とかかわりがあります。ここは政府に規制されている業界ではありませんが、IBMほどに巨大で市場を支配している会社はちょっとねたまれる覚悟をしなければなりません。ＩＢＭは打ち負かすべき会社と見られています。ですから、市場で勝てないとなると、裁判を起こされることもあります。そういうことがあっても、投資家にとってＩＢＭの魅力が失われなかったのは、私には驚きではありません。お金はお金を呼ぶのです。ＩＢＭには長年にわたってどの会社よりも多くの投資資金が集まってきました」

「ほかに優良株はお持ちですか？　ＧＭ（ゼネラルモーターズ）はお持ちですか？」

「ああ、ＧＭは持っています。でも、夫はいつも、ＧＭはちょっと問題があると話していました。この会社は自動車用、冷蔵庫用、機関車用、航空機用など、あらゆるモーターを製造しています。だから、ゼネラル（全般的）モーターズという名前なのじゃないかしら。でも、モーターを売る事業は難しいところもあります。製品が買われる時期は集中しがちなので、売上高は三～四年ごとに落ちます。そこで、夫は私のためにとても簡単なルールを作ってくれたのです。株価が四〇ドルを下回るたびに買うことを検討し、八〇ドルを上回るたびに売ることを検討するというルールです。これは驚くほどうまくいきましたよ」

この発言に対して優しい言葉をかけるとすれば、「明らかに、あなたは恋愛運に恵まれたおかげで、株式市場でも幸運に恵まれたのですね」としか言えないように思われた。私たちはほかに、株式市場で最も優良とみなされている何社かの老舗企業についても話し合ったが、それらのどれもファルクッチ氏のリストには載っていなかった。伯爵夫人とオペラに行く約束をしたあと、調査に親切にも協力してくれたことに感謝して、私たちは別れた。

ホテルを出ようとして、寝る前にバーに立ち寄って一杯飲んでおこうと思い直した。私が飲み物を注文していたら、ダイニングルームの隣のテーブルに座っていた若い男性から話しかけられた。

「失礼ですが、あなたは株に熱中しておられますよね。盗み聞きをするつもりはなかったのですが、ご婦人と株について話されているのが聞こえたものですから」

「かまいませんよ。確かに、私は株に『熱中している』と言えるかもしれません」

そこで、私たちはお互いに自己紹介をした。名前を名乗ると、彼は私がダンサーだと気づいた。私も彼に気づくべきだった。その週には彼の顔を載せたポスターがパリ中に貼られていたからだ。彼は有名なロックスターで、コンサートをするためにパリに滞在していた。私が株に関する本を書いていると知ると、自分の名前を必ず匿名にするように私に約束させた。株のような「堅苦しい」ものに興味があるとファンに知られたら、ファンたちをがっかりさせるかもしれない、と恐れたのだ。それで、本書では彼を「ミスター・ロック・スター」と呼ぶことにする。

「スターさんは、株の何に興味があるのですか。私もあなたのファンと同じように、あなたが本気で投資をしているとはまったく思えないものですから」

「ロックの演奏で、ビッグバンドのガイ・ロンバードのような成功はできません。一九八〇年になって、私がそれまで演奏をしていて、なおかつ歓迎されていたら幸運でしょう。ですから、人気が落ちたときのために蓄えが必要なのです」

「私はダンサーで、自分の足に頼らざるを得ないので、あなたの言いたいことはよく分かります。でも、あなたはどんな株を持っているのですか」

「私はエンターテインメント業界しか知りません。だから、私はなじみのあるもの以外には手を出しません。自分が知っている会社の株だけを買うのです。それで、ディズニーを買ったのです。私はディズニーランドのトゥモローランドで、交代で出演するバンドをしていたことがあります。このことが知られると、私はロック界のマウスケティア（ミッキーマウス・クラブの子役）と言われかねないので、秘密にしておくようにと、エージェントに言われています。ですが、私は彼らがディズニーランドをとてもきれいにしていることに感心しました。遊園地というこのビジネスで、最も安っぽい出演者を大変な人気者に変えることができる人はだれであれ、称賛に値します。漫画に出てくる間抜けなキャラクターたちみんなの個性的な演技は言うまでもありません。ディズニーランドではあちらこちらに演ずる動物にあふれていて、白雪姫がどこの通りにもいて、いろんな架空のキャラクターのために、あれこれと知恵を絞り、大変な精力を注いでいます。生身の俳優たちが、それらのキャラクターをハリウッドから追い払おうとしなかったのが不思議なくらいです。私が本当にディズニーに引き付けられたのは、ウォルト・ディズニーが亡くなっても彼らがディズニーの遺志を継いで真剣にやり続けたからです。それこそ本物の表現です」

「だから、あなたはディズニーのファンなのですね。ほかにはどんな株を持ってますか」

「私はＭＣＡが気に入っています。ここは映画、テレビ、レコードと、あらゆる分野に進出しています。ヨセミテ国立公園で観光事業まで行っています。そして、読書好きなら興味があると思いますが、彼らは最近、出版社を買収しました。人は毎年、休みの日になると、娯楽に回すお金をますますＭＣＡで使うようになっています。ＭＣＡは運良く映画で『ジョーズ』が当たっただけだと言う人もいますが、私はそうは思いません。この会社には賢い人がたくさんいると思います。彼らは一度、成功したので、成功法を知っています。だから、私は彼らの成功に乗って儲けようと思っているのです」

「エンターテインメント業界でほかに目を見張るような銘柄を持っていますか」

「ええ、私は昔からアメリカン・ブロードキャスティングが好きでした。エイビスは二番目で、彼らもすごく頑張りました。ＡＢＣは三番目ですが、ここはもっと頑張っていると思います。テレビのネットワークがあり、NBCとCBSの夜の番組からたくさんの視聴者を奪っています。そして、彼らの傘下にある地方テレビ局はニューヨーク、ロサンゼルス、サンフランシスコ、デトロイト、シカゴなど、多くの大都市にあります。また、レコード部門や出版部門もあります。景色や野生生物の魅力を紹介する番組も作れます。そして、ちょっとした良いものもまだ隠れているかもしれません。この会社はニュージャージーのアトランティックシティの近くに、コロニアル様式を復元したスミスビルという地区を持っています。私はここのスチールピアという遊園地で一度、演奏したことがあるので、知ってるんです。そして、ここにはカジノが建設される予定なので、すごいことになるかもしれません。結局、父親がギャンブルで儲けようとしている間、子供たちには何か別のことをさせておくしかないですからね。ABCは今、申し分のないところに数多く進出しているように見えます。会社が発表したことはそれだけです。今のところ、これが私のささやかな蓄えです。来年、また会いましょう。持ち株が上げたら、ほかの銘柄も買っているかもしれません」

これらの華やかな銘柄について話したあと、そろそろ終わりにしようと思った。それで、ロック・スター氏はワインを飲んでいたが、私は急いでタクシーを呼んだ。株の調査を丸一日したので、今日は帰ってゆっくり休んでもよいはずだ。

それから数日間は何もなかったが、ある朝の食事時に話をしたい候補者が見つかった。彼はグレーのスーツを着てループタイをしていた。そして、真っ白のテーブルクロスの下からカウボーイブーツがちらりと見えた。もちろん、帽子はかぶっていなかったが、彼はまず間違いなく、ホテルのどこかにステットソンの帽子を置いているだろうと思った。私はいっしょに朝食を取りませんか、と彼を誘った。彼は喜んで受け入れてくれた。

「名前はトム・バーンズです。テキサス州の出身です」

「そうとは思いもしませんでした」と、私はウソをついた。私は自己紹介をするとすぐに、ここ五年から一〇年の間に人々がどういう方法で株を買っていたかを調べている、と言った。

「数年前なら、あなたの手助けができたかもしれません。私はかつて、たくさんの銘柄を抱えて、苦労していたのです。そして、つらい目に遭って、どうしてあの信用できない連中を『ブローカー』と呼ぶのか分かりましたよ！　私はブローカー（broker）にいろいろと優しくされた揚げ句、破産した（broke）のです。彼のブローカーぶりには見事にやられました。私は今、一銘柄しか持っていません」

「それを持ち続けておられるということはきっと、とても良い銘柄なんでしょうね。銘柄名を教えてもらえますか」。私は興味をそそられて、尋ねた。

返事は「メリル・リンチ」だった。

私はあっけにとられた顔をしていたに違いない。私が分かりきった質問をするまで待たずに、彼が話し出したからだ。

「あなたが何を考えているか、よく分かりますよ。ですがね、私はあのいまいましい会社が私からだまし取ったお金を取り返そうとしているだけです。お金を巻き上げられたときには、ズボンにアイロンをかけるお金すら残ってなかったんです。でも、いくらか儲けて、まもなく投資できるお金がたまりました。メリル・リンチが下げたら買い、上げたら売る。そして、持っている間に現金で配当を払ってくれたら、それをため込むのです」

このとき、彼は上着のポケットから革製のメモ帳を取り出した。彼は人差し指をなめて、ページをめくった。

「ここを見てください。この株はすでに私に二万三一七七・一〇ドルを返してくれました。計算では、この株はまだ私に七万一四三三・一五ドルの借りがあります。たとえ、どこまで追いかけなければならなくても、借りはすべて返してもらいます。それまで、返してもらったお金はすべて、テキサス州ミッドランドの銀行で安全に保管しておくんです」

私は常々、株式市場にはあらゆる種類の参加者が必要だと聞いてはいたが、トム・バーンズ氏がメリル・リンチをトレードしているのは復讐のためだと話すまでは、実際にはその意味を十分に理解していなかった。

その日の午後、昔からの友人のジョン・マクマホンがロビーでヘラルド・トリビューン紙を読んでいるところに出くわした。私は驚いた。その日の午後に彼の娘が結婚式を挙げていることを思い出したからだ。

「二階で結婚披露宴に出ていないと、まずいんじゃないの？」

「そうでもないよ。もう花嫁は送り出したし、娘の友だちたちとは口も利きたくないしね。それで、連中が飲み食いを終えて、私が勘定を払うときまで、待っているんだ」

「ところで、ここ数年はホテルの周辺でよく会うね。君はアイオワ州のデモインで事業をやっているんじゃなかったっけ。店をそんなに長く留守にしていいのかい」

「あの事業は四年前に売ったんだ。今は新しい仕事をしている。これは景気循環での買いと呼べるかもしれないね」

「それって、危険じゃない？」

「そうかもしれない。だけど、私は景気循環の上昇局面でしか買わない。相場がお先真っ暗と思えるときに買って、強気相場が初めて調整し始めた直後に売る。そうやって、だれもが不安になって、一体、何が問題なんだろうと話し合ってるときに、私は上昇銘柄を狙って動き始めるんだ」

私はピンときた。ファルクッチ氏のポートフォリオに景気循環株がいくつか入っているのを思い出したのだ。「君は一九七五年の前半に、パリにいなかった？」

「いたよ。一九七四年の後半はアメリカ市場が大きく下げていて、重苦しい雰囲気だった。だから、今が買い時だと分かったんだ。私は買い注文を出すと、アメリカの悲観的な雰囲気から逃れて、緊張をほぐすためにパリに逃れてきたんだ」

「ファルクッチさんに、何を買ったか、話した？」

「彼がそれらを買ったと言ってるのかい？　まあ、それでも問題はないけど。私はまだ、それらを持ってるからね。当時、私の気に入っていた三銘柄はセメントメーカー、製鉄所用の耐火物製品メーカー、鉄鋼・非鉄金属メーカーで、これらの会社がお先真っ暗に見えるほど不景気だと、景気循環の底が近いと分かる。セメントメーカーで買ったのはアムコードだった。そこは株を選ぶときに注目したい特徴がたくさんあるんだ。一つは、最近、社名をアメリカン・セメントから変えたことだ。投資家によっては新しい株を発見したと思う人もいるし、以前にこの株で痛い目に遭った人のなかにも再び買いたいと思う人もいるかもしれない。そして、発行済み株式数が比較的少ないうえに、一部は少数の株主が保有している。浮動株が少ないので、いったん動き始めると、上げ続けやすい。工場は西部、中西部、東海岸と、アメリカ全土にまたがっている。アムコードは金属建築物の事業も行っていて、その多くは産業用や倉庫などだ。これで、この会社の景気循環的な性質がいっそう高まる。鉄鋼で買ったのはベーシックだね。ここの主な事業は高炉の内張りのメンテナンスに使われる粒状製品だ。高炉の多くは景気が落ち込んでいるときには内張りを新しくしない。これだけでは循環株としては不十分と言うなら、工業用重機に使う電子機器も製造している。これでも不十分かい？　ここは製品を工業薬品で仕上げているのだが、その一部は建築用製品、ゴム、パルプ、紙など、不況の影響を受けやすい製品に使われている。また、トレードするには出来高が少ないという利点がある。発行済み株式数は一三〇万株以下で、一部は大株主が持っている。だから、ここがいったん動き始めたら、つかまえるのはかなり難しいんだ。不況のときに買う三銘柄の最後はレイノルズ・メタルズだね。アメリカで二番目に大きなアルミニウムメーカーで、工業で使われる量が減るときに影響を受ける。ただし、ほかの二銘柄ほどではない。一九四一年以来、毎年、配当を払えているからね。それに、浮動株はかなり多い。レイノルズ家が保有する株を除いても約一六〇〇万株ある。ここは私にとって安心して買える。買いを早まった場合にリスクを下げることができる良い銘柄だよ」

景気循環を利用した株取引の手法を整然と話し終えたところで、彼は館内放送で呼び出された。小切手帳を持って結婚披露宴に戻るようにと言われたのだ。彼の手法はある意味で私の手法とまったく異なるので、もっと質問ができたら、興味深かっただろう。景気循環の適切な段階で買うという考えは大いに認める。だが、私は自分の注目する株の値動きから、不況が近づいている（あるいは景気回復が進んでいる）と知るほうが、その逆よりも落ち着ける。景気循環の谷は間違えようのないほどはっきりと分かるときもあれば、どこまで下げると下げ止まるのだろうと思うときもあるからだ。

確かに、ハイテク銘柄は一九六〇年代後半から一九七〇年代前半の株式市場をリードしてきた業種の一つだったし、ファルクッチ氏のリストでもそうした状況が何例か見られた。しかし、私の現在の調査方法では、ハイテクは浮かび上がってこなかった。これには特別な戦略が必要だった。そして、自分の思いついた戦略で最も良いものはルネ・デュプレ氏を訪ねることだった。彼は国際的にとても有名な科学者で、地に足がついている。また、実験室でも株式市場でも、科学とまやかしを区別できる。私は事前に株のリストを提出していたので、私が到着したときにデュプレ氏は準備万端で私を待っていた。

「あなたの知り合いの投資家たちがだれもハイテク株について触れなかったのは驚きではありませんよ。ハイテク株を買うときに、自分が何を買おうとしているか分かっている人はほとんどいないでしょう。それらの会社はどこも、『小さなブラックボックス』に大変な磨きをかけていて、どのボックスも表面的には同じように見えます。ある分野の科学者でさえ、どの小さなブラックボックスがうまくいくのかを事前に見分けるのは難しいものです。現実には、ハイテクに興味を持つ投資家が事前にある程度はっきりと分かることは、そのハイテクが純粋なものか組み合わせたものかだけです。つまり、投資している会社が単一のコンセプトに基づいて単一の製品を作っているところなのか、それとも科学や技術を組み合わせた製品を作っているところなのかです。また、その技術が政府に関係するか民間に関係するかです。あなたのリストに載っているボーイングを例に取りましょう。ここの事業は軍事用と民間航空でほぼ半々です。ですから、事業のかなりの部分は会社でコントロールできません。ここの株を買う時期を決めようとすれば、将来の防衛における二ーズと世界の航空会社の装備品のニーズについて、できるだけ知るべきでしょう。一九七〇年代前半にここの株を買った人たちは、これら両方のニーズがあって、それが増えていくと考えたのでしょう。リストのなかで、政府関係（主として海軍）とそれ以外の事業を行っているもう一つの会社はオートメーション・インダストリーズです。この会社とボーイングの主な違いは『それ以外』にあります。ボーイングとは異なり、こちらはさまざまな産業に特殊な工業製品、技術サービス、材料試験装置を幅広く提供しています。これらの製品がどれも利益を上げているわけではありません。逆説的ですが、そのおかげで、この会社は過去数年間に投資家を引き付けてきたのです。ここは利益率の低い製品を取り除いて売却することに熱心です。残った製品を強化して着実に利益を生む事業にしようと考えているからです。あなたの求めるものが多角化ならば、アンバック・インダストリーズは良い投資先です。ここは事実上、かつては科学志向の強い独立した部門——ほんの数例を挙げると、アメリカンボッシュ、パッカード・インストルメント、バカラック・インストルメント、アルマ——の共同企業体です。そして、医療機器、ディーゼルエンジンの燃料噴射装置（この会社はフォードが設計したガソリンエンジンの試作品を作っている）、電気機器など、多くの期待される新分野を得意としています。また、先端技術は政府部門と民間部門の両方に関わっています。ハイテクに特化したければ、デジタル・イクイップメントが良い投資先になります。ここは事業の八〇％をミニコンピューターで占めています。この奇跡的なミニコンピューターはすでに科学実験で生じるデータの記録、解釈、計算に特化したタスクを幅広く行っています。これらはビジネスのデータ処理にも応用されています。そして、新しい処理を行うたびに新たな用途が生み出されています。ただし、落とし穴もあります。このわくわくする最先端のコンピューターは景気循環に最も影響を受ける、一般コンピューター分野で最も競争が激しい分野でもあります。今はこの会社が一番手ですが、将来は営業力が最も強い会社が勝つでしょう。結局、ハイテクでの賭けでリスクを下げたければ、私ならアンバックのような会社に投資するでしょう。一方、平均以上の利益を求めてさらにリスクをとりたければ、デジタル・イクイップメントのような会社を試すかもしれません」

「言い換えると、ハイテクでは、小さなブラックボックスすべての可能性についてあれこれ頭を悩ますよりも、市場を観察するほうが理にかなっている、とおっしゃりたいのですね」

「まさに、そのとおりです。ところで、あなたは多くの応用技術分野やエネルギーなどに投資家が引き付けられるのはなぜだと思うか、と尋ねましたね。私はその質問に答えられると思います。持株会社であるピッツトンの株を買えば、いくつかのエネルギー関連分野に投資したことになります。子会社の一社は主に製鉄業界向けに高級原料炭を採掘・販売しているため、収益に景気循環の影響があります。彼らの主要な事業のもう一つはニューヨーク市での石油（主に灯油）の卸売りにあります。そこから発展して、同じ地域でトラック輸送と倉庫業務を幅広く行っています。また、装甲車で現金輸送サービスを行うブリンクス株の八五％を保有しています。全体として見れば、エネルギー分野で安定していて頼りになる会社であり、ここの株の主な魅力は景気回復期に繰り返し上昇することです。これがおそらく、ピッツトンがあなたのリストに最近載った理由でしょう。イースタン・ガス・アンド・フュエルもエネルギー分野のしっかりした会社です。ボストンを拠点としていて、エネルギー分野で多角化しています。石炭生産の子会社はアメリカで九番目に大きく、ウェストバージニア州とペンシルベニア州に炭鉱があり、埋蔵量は二五億トンと推定されています。完全子会社のボストン・ガスはボストン地域を含むマサチューセッツ州東部の五〇万人近くの顧客にガスを供給しています。さらに、イースタン・ガスは、オハイオ州、イリノイ州、アーカンソー州、ミシシッピ州の河川で操業しているアメリカの内陸水路で最大の運送業者です。最近はアメリカでも世界でも、エネルギー源について不安が広がっていることを考えると、ここ一〇年にポートフォリオにこの銘柄が組み込まれていても驚くには当たりません。エクイファクスも応用技術の別の分野の会社です。以前はリテール・クレジットという社名で、保険調査と信用調査の大手です。文字どおり何百万もの情報の収集・分類・取り出しを行う必要に迫られて、コンピューター化によって費用を削減しようとしています。これらのコスト管理プログラムのおかげで、減益から増益に転じたのです。あなたのリストに入っているのも間違いなくそのせいです。保険調査と信用格付け事業が順調に成長したことも役立ったでしょう」

デュプレ氏は私が検討をしてほしいと頼んだどの点についても、幅広い知識で明快に説明してくれた。私はそのことをほめて礼を言った。

ホテルに戻ると、私に伝言が残されていた。チャールズ・レイモンドという名前には聞き覚えがなかったが、電話をかけてみることにした。

電話の声はためらいがちだった。「普通、私は自分から何かをすると申し出ることはありません。私は昔、軍隊に志願して、そういうことはすべきでないと学んだのです。ですが、あなたがファルクッチさんの持ち株を勧めた人を探していると、私の知り合いから聞きました。私はいくらか、あなたの助けになれると思います。彼はおそらく忘れていると思いますが、私は彼の母親の遺産処理が終わった直後にホテルによく出入りしていました。当然ですが、私たちは株も含めてお金に関することで何度も話しました」

言うまでもなく、私は喜んだ。私たちはロビーで会った。レイモンド氏は働かなくても暮らしていけるほどの資産家で、陽気な人だった。彼は裕福な家の生まれだが、貧しい人々にもとても理解があり、彼らを進んで手助けしているように見えた。レイモンド氏は席に着くとすぐに話し始めた。

「タクシーでこちらに向かっていたとき、私は当時のことを思い出していました。私はそのころ、一つの投資哲学を持っていました。おそらく、これは『より良い生活のために、より良いものを』という、昔のGE（ゼネラル・エレクトリック）のスローガンでうまく表現できるでしょう。アメリカはすでに豊かになっていて、世界のほかの国々はそこに追いつこうと必死でした。だから私はいつも、興味のある会社の製品がどうやって人々をより豊かで快適にするだろうかと考えていました。アメリカでは、この豊かさの一部は外で働くようになった女性たちに支えられています。これらの女性たちのなかには、生きるためという昔ながらの理由で仕事に戻った人もいるかもしれません。しかし、これは新しく働き出した女性の大半には当てはまらないと思います。彼女たちは余分のお金を少し稼いで、夫の給料だけではできないぜいたくをしているのです。だから、私はファストフードの会社、特にマクドナルドが気に入っているのです。マクドナルドはいつもいいアイデアを持っていました。『シンプルで、安く』ということです。こうしておけば、働く妻は罪悪感を持たずに家族と外出できます。自分の好きなことをしても、ちょっとぜいたくをするお金はまだいくらか残ります。これはうまくいくはずです。私の理解では、彼女たちのような人はアメリカだけでなく世界中で年に四〇万人以上増えていると思います。どうしてかと言うと、彼女たちはこのパリにもいるからです！　同じ理由で、私はホテルチェーンのハワード・ジョンソンにいつも興味を持っていました。旅行はいつの時代でも人気のぜいたくで、裕福な人々がヨーロッパ旅行をした前世紀までさかのぼります。そして、今日でも、これは変わりません。ただ、今日の多くのアメリカ人のように、子供連れで旅行をするときには、予想外のことは起きてほしくありません。ハワード・ジョンソンは家族旅行をする人々になじみがあり快適な環境を提供する、という点でずば抜けています。そして、旅行をすると写真を撮ります。そこから私の昔からのお気に入り銘柄の一つ、イーストマン・コダックが思い浮かびます。ここは写真関連の製品で世界最大のメーカーです、そうなれたのはブローニーからインスタマチックまで、信頼性が高くて使いやすいカメラを提供したからです。ただし、ポラロイドを忘れてはいけません。撮影したその場で現像できるようにしたことで、この会社は業界に革命をもたらしました。ポラロイドが今日の地位を築くには、二つの大きな飛躍的な発展がありました。最初に白黒、次にカラーです。ほかにも、何かあったかもしれません。もちろん、コダックとポラロイドは市場で競争していて、それぞれが独自のインスタント写真を開発しています。この分野でのこれら二強の戦いではどちらか一社しか生き残れない、とだれもが考えていますが、私は別の見方をしています。両社ともが勝って、消費者にも投資家にも利益になる可能性もあるのではないでしょうか。まあ、これらがファルクッチさんへの私のささやかな提案でした。彼がこれらに従って行動を起こしたかどうかは知りません。ですが、そうしていたら、彼はそれらの銘柄を高く評価しているでしょう」

「そうだと良いですね、レイモンドさん。そうだと良いです」。投資に対するこの驚くほど揺るぎない自信を示されると、私はそう言うしかなかった。レイモンド氏がロビーから出ていったとき、私は過去の強気相場の亡霊が現れたに違いないという思いを振り払うことができなかった。

彼の長い話はいくつかの点で実りあるものとは言えなかったが、これで自分に課した仕事をついに終えることができた。私は昔の記憶や期待や予想を思い起こした。そして今、ファルクッチ氏のポートフォリオに入っている銘柄をホテルのお客たちがなぜ勧めたのか、かなりはっきりと分かった。

そして、私は何を学んだか。

まず第一に、相場は一九二〇年代以降で最大の急落をしたにもかかわらず、投資家は現在も変わっていないということだ。苦労して稼いだお金を株式市場で動かすために彼らが頼るものと言えば、主に耳寄り情報か、ちょっとした分別か、古くさくてしばしば誤解されている話かだった。

第二に、投資に関しては私の総合的な投資プランに代わるような示唆に富むようなものはないということが再確認できた。このプランは、買い時と売り時を指示できるだけでなく、相場が思わしくないときに資金を危険から守れなくてはならない。

私はファルクッチ氏のポートフォリオを調べてみて、クライン氏のものを調べる熱意はもはやなくなった。調査を続ければ、多くの魅力的な人々に出会えるかもしれないが、結局、得るものは何もないだろうと確信した。むしろ、長年にわたって役に立ってきた自分のテクニックを見直すほうが、時間を有効に使えると思い至った。

そこで、私は自分自身の今のポートフォリオを見直すことにした。そこには四銘柄しか入っていなかった。テレダイン、ミッチェル・エナジー、ヒューストン・オイル、バリーだ。

付録

私の投資法

私はダーバスシステムとも呼ばれる私の手法と原則について、簡潔に分かりやすくまとめてほしいと、よく言われる。実は、私の手法の基本原則はとても単純だ。

第一に、例外的な状況を除けば、私は新しく発展している業界の会社、つまり、成長と収益の見通しが非常に良い会社の株しか買わない。私は既成の業界に属する会社や時価総額が非常に大きな会社、すでに巨大企業になっていて、今以上にはたいして成長が見込めない会社の株は絶対に買わない。

これは、役に立っているか将来性のある製品を製造している会社の株だけを買うという意味ではない。何かが新たに流行して、トレードの機会があれば、私はためらわずにその流行に乗る。ヨーヨーやフラフープが大流行すれば、それらのメーカーの株価は急上昇するだろう。人々がそれらの商品をどう思おうと、そうした流行を利用しないのは愚かなことだ。

第二に、それほど活況な銘柄を見つけても、私はすぐには買わない。まず、市場全般の動向を調べて、市場が上昇トレンドかどうかを確かめる。次に、その銘柄が強い業界、つまり株式市場でほかの業界よりも堅調な業界に属しているかどうかを確認する。これら二つの点に満足したときにだけ、興味を持った銘柄をさらに詳しく調べる。

どうして、そこまで用心をするのか。自分が有利であることを確かめたいからだ。市場が下落トレンドで、その業界が軟調であれば、状況は不利であり、市場全般と業界が堅調なときよりも大きな利益を得る可能性は低いと分かっている。株式市場では、用心に越したことはない。

もちろん、ルールに例外は付き物だ。強気相場でもほとんど動かない銘柄がたくさんあるように、弱気相場のさなかに株価が何倍にもなる銘柄がいくつもある。しかし、私は性格的に、備えあれば憂いなしと考えるタイプだ。だから、私は弱気相場のときには手を出さない。例外的に上昇する銘柄は、トレンドに逆らうのも気にせずに資金をリスクにさらす人々に任せる。

投資にふさわしい状況で、業界も適切だと判断できたら、出来高を伴って株価が上昇している銘柄を買う準備は整った。株を買う唯一正当な理由は、株価が上昇しているからで、それが株式投資における私の基本原則だ。株価が上昇していれば、ほかに理由はいらない。株価が上昇していなければ、ほかの理由は検討するに値しない。私は株価が今、上げている理由を説明されても少しも興味がない。株価が思惑どおりに動かない理由の説明にはもっと興味がない。私は推測や口実、予測、合理化、言い訳ではなく、実際に起きている現実だけを重視する。

次に、私は自分の「ボックス理論」に照らして、その株の値動きを調べる。初めて株価の動きを観察し、研究していたころ、私は次第に分かってきた。活発に動いている銘柄の値動きは一見すると不規則でランダムだった。だが、実際には、ある値幅やボックスが連なるように動いていたのだ。したがって、数日または数週間の株価は例えば三〇ドルから三八ドルの間で変動するが、三〇ドルを割ることも三八ドルを超えることもない。つまり、値動きは高値が三八ドルで安値が三〇ドルの狭い「ボックス」内に限られている。

その後、株価は特に理由もなく、ある日突然、上下どちらかの方向に動いてボックスから飛び出し、別のボックスに移動する。そのボックスは前のボックスと重なるときもあれば、完全に離れる場合もある。だから、三〇～三八ドル内でランダムに変動していた株価は突然、四〇～四六ドルのボックスまで上昇するか、二五～三二ドルのボックスまで下落して、そのなかで再びランダムに変動するかもしれない。

私は、株価の上昇（または下落）全体の動きがこうしたボックスからボックスへの動きで成り立っていることを発見した。値動きの各段階では、高値と安値がはっきりしたボックス内でしばらくランダムに動いたあと、ブレイクして新しいボックス内で再びしばらくランダムに動いていた。要するに、株価の動きはボックスからボックスへの跳躍の連続で成り立っているように見えた。各ボックス内での日々のランダムな動きには関連がなく、値動きの一つの段階にあることを示しているだけだった。状況を判断するのに本当に必要なのは、株価の変動によって形成されるボックスだけだった。

一連のボックスから成るダーカードを作れば、いつ買うべきかという問題はすぐに解決する。株価が一番上のボックス内にあり、そのボックスの天井をブレイクして新高値水準に入ったときが、株を買うのにふさわしい瞬間だ。

したがって、例えば株価が三〇～三五ドルのボックス内にあり、それが一番上のボックスであれば、私は三五・二五ドルに達したらすぐに買うように、という注文をブローカーに出す。それ以上、検討をする必要はなかった。

機械的に買うということの手法を二〇年以上前に初めて使って以降、株式市場は変わってきた。最近はボックスを上抜けたあと、すぐに大量の売りが出て、二～三ポイント下げ、再び前のボックスに戻ることがよくある。したがって、最初の上抜けで買うと、かなり損をすることがある。こうした値動きをする理由は、抵抗線の上抜けはチャートを見て動くトレーダーたちの買いシグナルだということを、目先の利くプロトレーダーやフロアトレーダーが知っているからだ。それで、プロのトレーダーはこの機会を利用して株を空売りし、一～二ポイント稼ぐのだ。そこで、私は今では買う前に、二回目の上抜けまで待つことにした。つまり、一番上のボックスの高値を上に抜けてから反落したあと、最初の上抜けで付けた高値を超える新高値を付けるまで待つのだ。ここまで用心するだけの値打ちはある。最初の上抜けのあと反落せずに、上げ続けたら、私は放っておく。いつ反落するかはまったく分からないので、上げている株は絶対に追いかけない。

これらの基準を満たす適切な銘柄がない場合はどうするか。私はただ様子見をして、次の銘柄が現れるまで待つ。買うに値する銘柄が見つからないときには、二年間もまったく投資しないでいることもよくあった。株価が六～一二カ月で少なくとも二倍になりそうでないかぎり、私は絶対に株を買わない。そんな株が現れなければ、私は相場から完全に離れているほうが良いと判断しているのだ。わずか一〇％のリターンを得るために、五〇％を損するリスクを株式市場でとる必要があるだろうか。同じ資金をドル建て外債に回すだけで、リスクなしに一〇％のリターンを得ることができるのに。

多くの人は自分のお金をいつも「動かしている」、つまり、株に絶えず投資する必要があると考えているようだ。彼らは現金のままにしておくのを、とにかく嫌がる。しかし、どの銘柄も下げている弱気相場のときに、投資し続ける必要があるだろうか。上げ下げを繰り返す相場に手を出して、上げているときにやっとのことで稼いだお金を、下げているときに失う必要がどこにあるだろうか。

「バイ・アンド・ホールド」が最も良いと信じている人たちさえいる。そのため、彼らはどんなときでも持ち続ける。おそらく、彼らは二～三年ごとに訪れる弱気相場で、自分の資金が目の前で消えていくのを見て、マゾ的な喜びを得るのだろう。あるいは、単に目を閉じて、歯を食いしばって、我慢するのだろう。そうした手法に頼っていたら、株式投資は悪夢の連続になる。たとえ、長期にわたって現金にしておくことになっても、私は夜にぐっすり眠れるほうがよい。

私はいつ売るか。これはほとんどの人にとって最も難しい問題だが、それでも成功するか失敗するかは実はこの問いに対する答えにかかっている。完璧な株を選んでぴったりの時期に買っても、長く持ちすぎて含み益をすべて失うか、売るのが早すぎて多大な利益を取り損ねるかもしれない。

株価が一番上のボックス内にとどまっているか、明確な上昇トレンドにあるかぎり、私はその株を喜んで持ち続ける。だが、トレンドは遅かれ早かれ転換し、ボックスは前のボックスよりも下に形成されていくものだ。だから、私はそうなる前から備えている。私は株価が一番上のボックスの底を下に抜けたら売るように、ブローカーに前もって指示を出している。理由は次のとおりだ。株価が例えば三五～四〇ドルのボックス内にとどまっているかぎり、これらの範囲内でどれだけ長く頻繁に変動してもかまわない。三五ドルに何回達しても、私は気にしない。しかし、ボックスの底を下に抜けたら、明らかに支持線の働きを弱める重大なことが起きたことを示している。そのため、下に新しいボックスが形成される前にどこまで下げるかは分からない。だから、ボックスの底はすべてを手仕舞う明確な水準だ。もちろん、株価が上昇した場合は、ストップロス注文（仕切り注文や損切り注文）を上のボックスの底に置き直す。

私はストップロス注文を、持ち株が急落したときに大きく下落してひどい損をしないために、自分の落下を防ぐ安全ネットだと考えている。そして、そのとおりになった。市場全般や持ち株が反落したとき、私はそれによって何度も災難を免れた。私がストップロス注文を置かずに、相場に手を出すことは絶対にない。

数年前、ある著名な人が投資に関する本を書き、「ストップロス注文の弊害」について一章を割いてまで非難をした。彼はストップロス注文を使えば、破産に直結すると主張していた。その章を読めば、株価の下落や弱気相場といったことはまったく起きないような印象を受けるだろう。多くの書き手が描く理想的な株式市場の世界では、株価は上昇しかしない。市場はいつでも合理的かつ論理的に振る舞い、お金は実に簡単に儲けられる。間違いから身を守る必要はない。残念ながら、彼らが描写する株式市場は現実とはほど遠い。そんな楽観的な考えで相場に手を出せば、痛い目に遭って気づかされることになる。一九六九～七〇年と一九七三～七四年の弱気相場でひどい目に遭った人々の多くは、先を見越してストップロス注文を置けていたのなら、とても価値のあることだっただろう。彼らが破産したのは、ストップロス注文を置いていたからではなく、そもそも置かなかったからだ。

もちろん、ダマシに遭って、早く売りすぎたり、ふるい落とされることはあるだろう。しかし、私は弱気相場で身動きが取れなくなったことは一度もないので、少額の損切りを何度かしても埋め合わせは十分にできている。株式投資を始めてから二〇年たった今でも、私は株を、調教師がライオンを扱うのと同じように丁重に扱う。調教師は主人だが、無謀にも警戒を緩めると大けがをしかねない、とよく分かっている。株式市場というジャングルに入るときも同じことで、私は素早く逃げられるようにストップロス注文を買値のすぐ近くに置いておく。

一九七六年にテレダインとミッチェル・エナジー・アンド・ディベロプメントを買ったとき、私は今まで説明したのとまったく同じことをした。つまり、相場を観察して、ダーカードで視覚的に示されるボックス理論を使い、ストップロス注文を置くという三つのことを行ったのだ。一九七五年の夏に高値と安値をざっと見ていたとき、私はまずテレダインに気づいた。それは九・五ドルから二五・二五ドルの高値まで上げていた。これほどの短期間に上昇率がここまで大きいことに興味がわき、私はさらに調べることにした。この会社は航空電子工学、特殊金属合金、半導体などにかかわっていた。これらは将来の先端製品として、私がいつも注目していたものだ。私はこの株を監視して、上昇の兆候が見えたら試し買いをすることにした。

しかし、市場全般と同様に、たいした動きはなかった。株価は一九七五年の年末まで横ばいを続け、二五・二五ドルを超えることは一度もなかった。しかし、一九七六年一月に突然、二七ドルに跳ね上がった。私はすぐに買い注文を出した。ブローカーからは二七・五ドルで買えたと言われた。この動きがダマシの場合に備えて、私はすぐに一〇％下にストップロス注文を置いた。しかし、テレダインは下げなかった。それどころか、テレダインはほとんど押しもなく急上昇した。二七ドルから五三ドルまでにボックスは一つも形成されなかった。三月になってようやく、四七～五三ドルのボックスが形成されて、私が次にどう動くかを決める機会が訪れた。私は五三ドルを超えたら、買い増すことにした。

しかし、またしても予想外のことが起きた。株価はボックスの底を割り、私は四七ドルでストップロス注文に引っかかった。株価は四一ドルまで下げると、下げとほぼ同じ素早さで急上昇して、五五～六二ドルの新しいボックスを形成した。私は株価が六二ドルを超えたら、再び買おうと決めた。私はブローカーに六二・五ドルで買うようにと伝えた。二～三日で買えた。テレダインは六月中旬に再び、上昇し始めて、一カ月以内に六七～八〇ドルの新しいボックスを形成した。本書を執筆している現在もこのボックス内にとどまっている。

私がミッチェルを買おうと決めたのもほぼ同じような理由からだ。この株はヒューストン・オイルに似たいわゆるエネルギー株で、市場の下落トレンドに強く抵抗しており、一九七六年後半には大商いを伴って急上昇した。かなりの注目を集めていることは明らかだった。私は株式分割後の三一・一二五ドルで買い、一カ月足らずで着実に四一ドルまで上げるのを見ていた。現在はまだ三五～四一ドルのボックス内にいる。株価がさらに上げたら、私はかなりの利益を得るだろう。反落すれば、三五ドル辺りに置いたストップロス注文に引っかかって売られるだろう。確実に言えることが一つある。私はただじっと待つことはない。心配で眠れないことも、イライラすることも、ブローカーに電話をかけることもない。ヒューストン、ミッチェル、バリーと別れを告げるまで、必要なことはすべて私の手法とストップロス注文がやってくれるだろう。

下げている株のダーカード©

ダーカード©

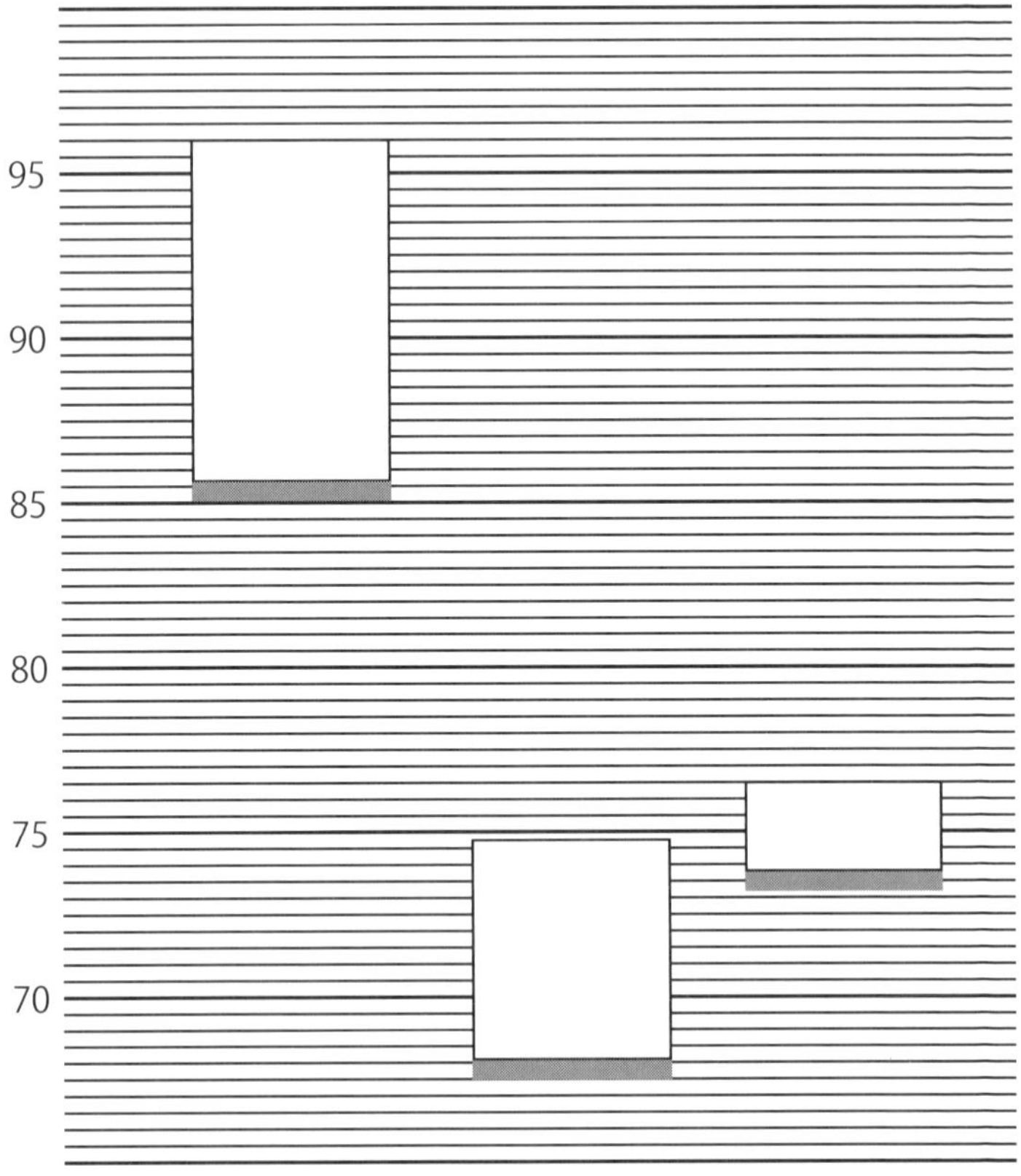

過去の値幅

	高値	安値
1974	97	75
1975	81	65
1976	76	65

上げている株のダーカード©

ダーカード©

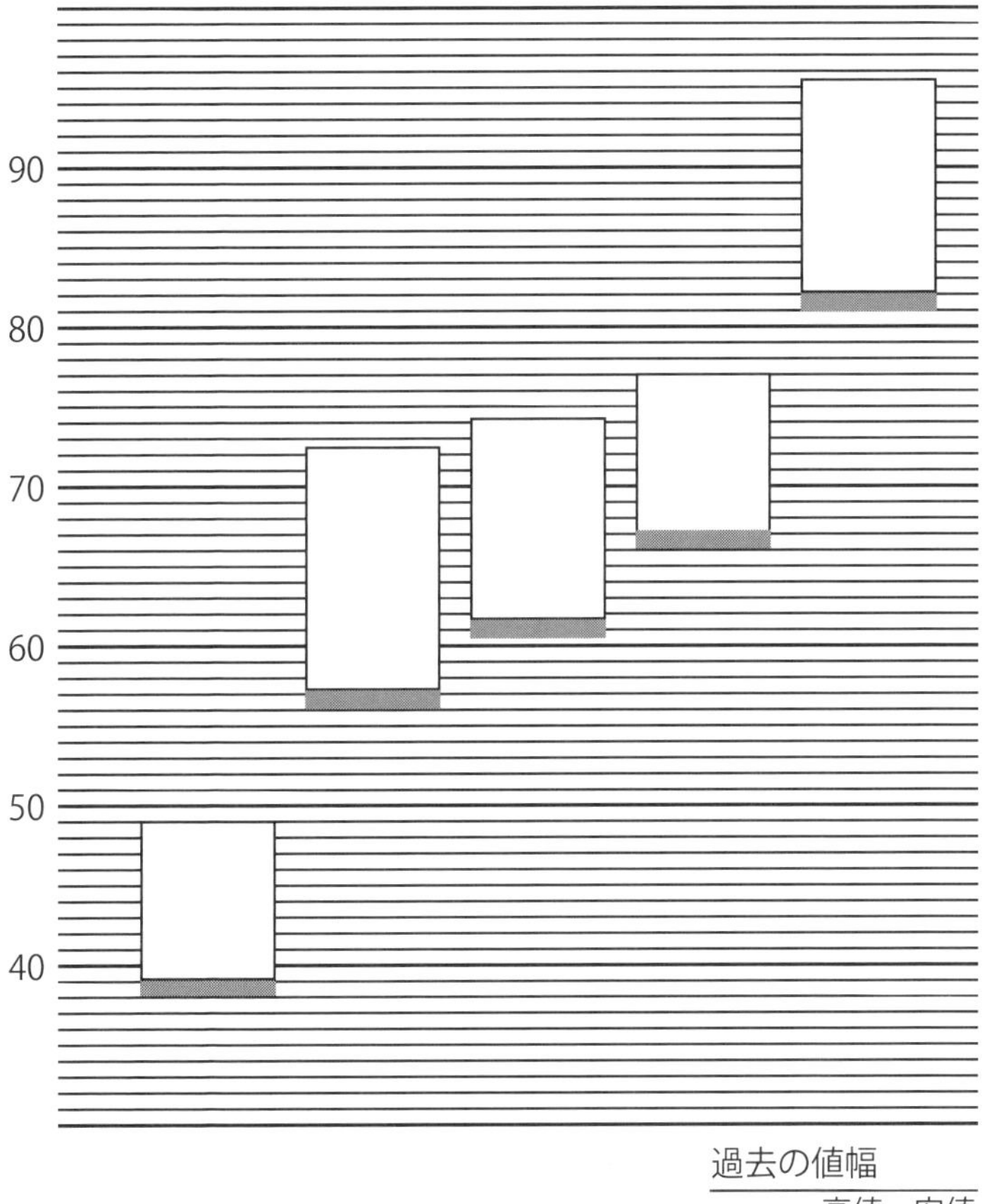

過去の値幅

	高値	安値
1974	49	39
1975	77	57
1976	95	83

空売り指標としてのダーカード©

ダーカード©

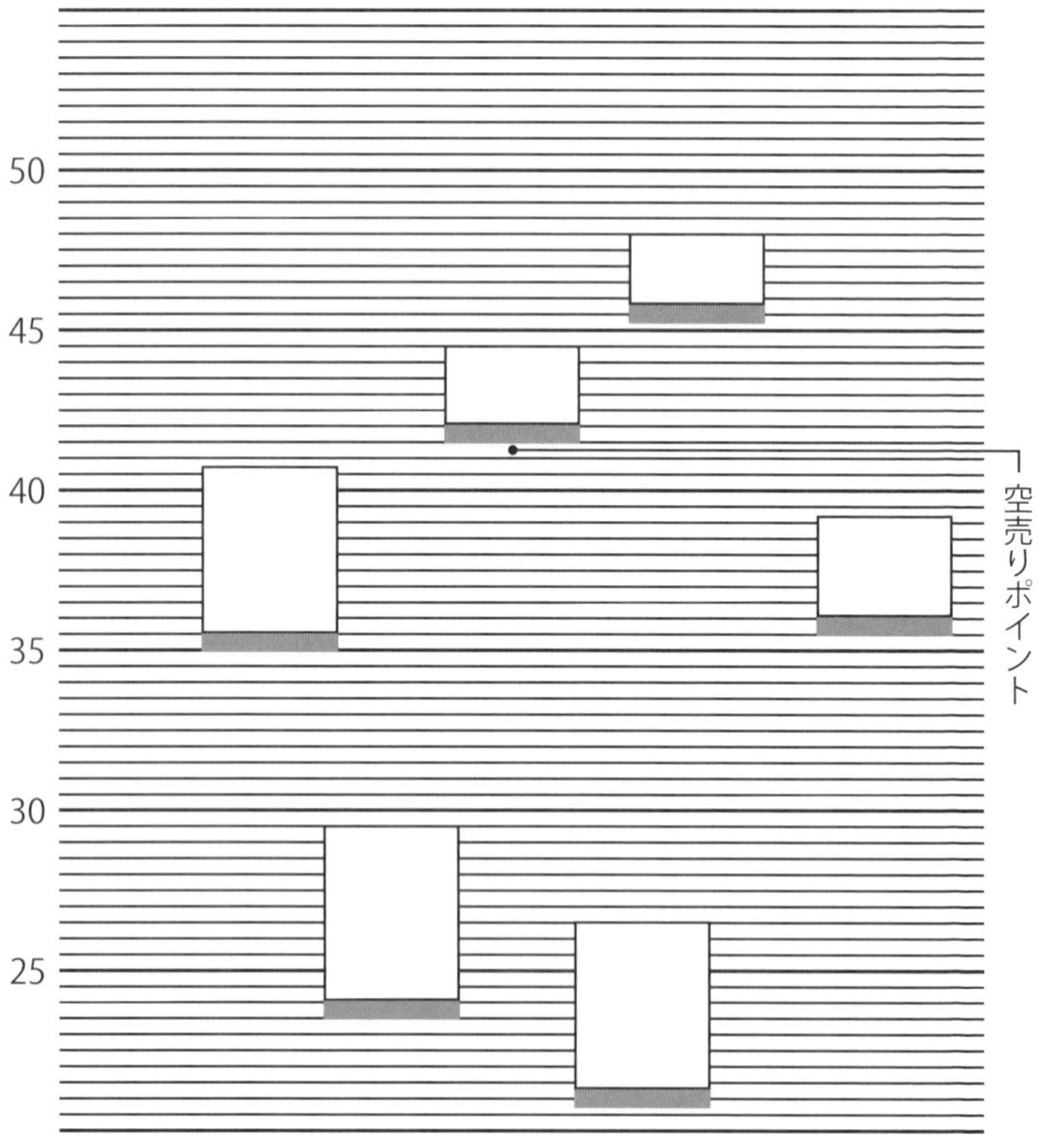

ダーカード©

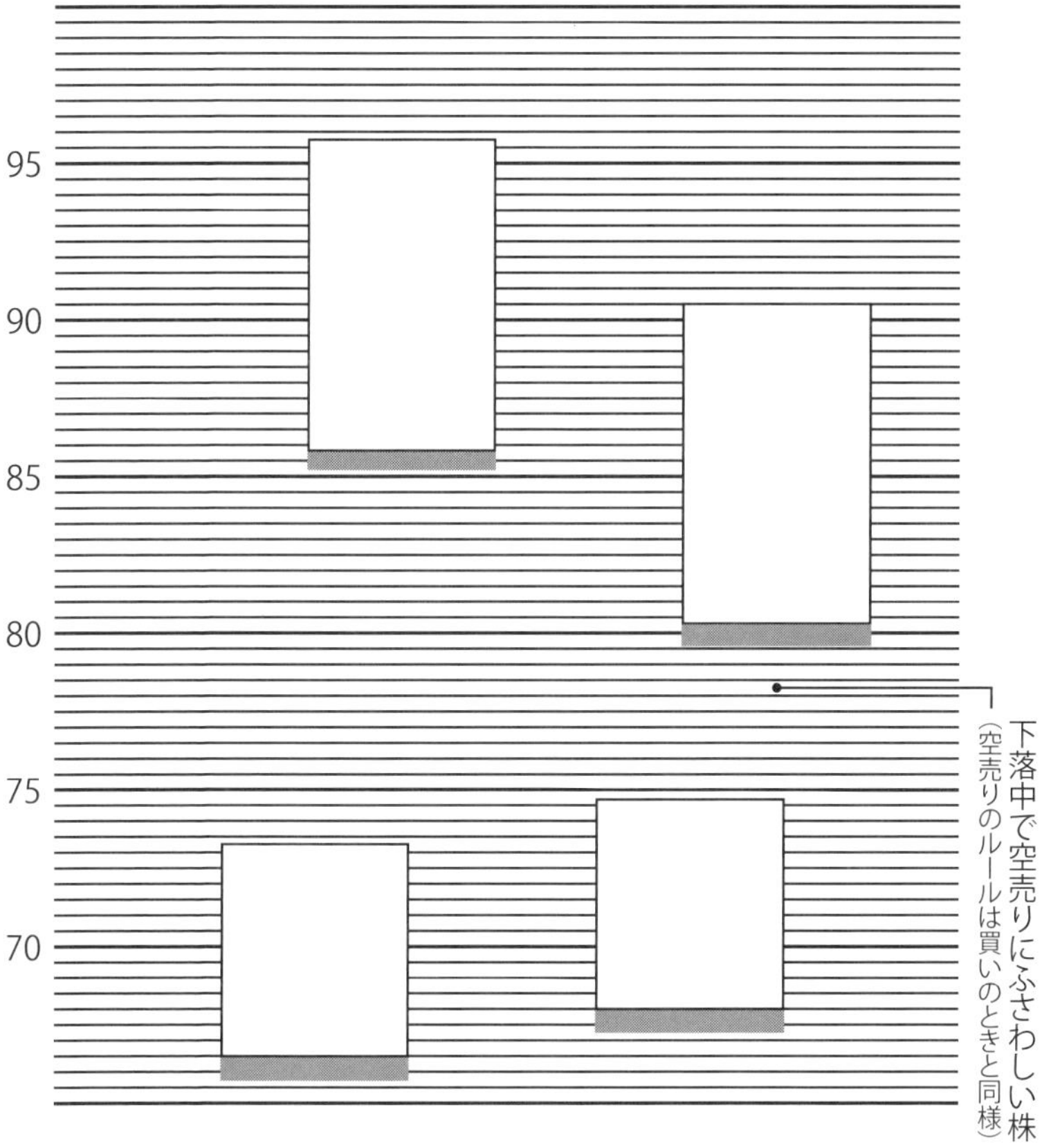
95
90
85
80
75
70
下落中で空売りにふさわしい株
（空売りのルールは買いのときと同様）

上げている株のダーカード©

ダーカード©

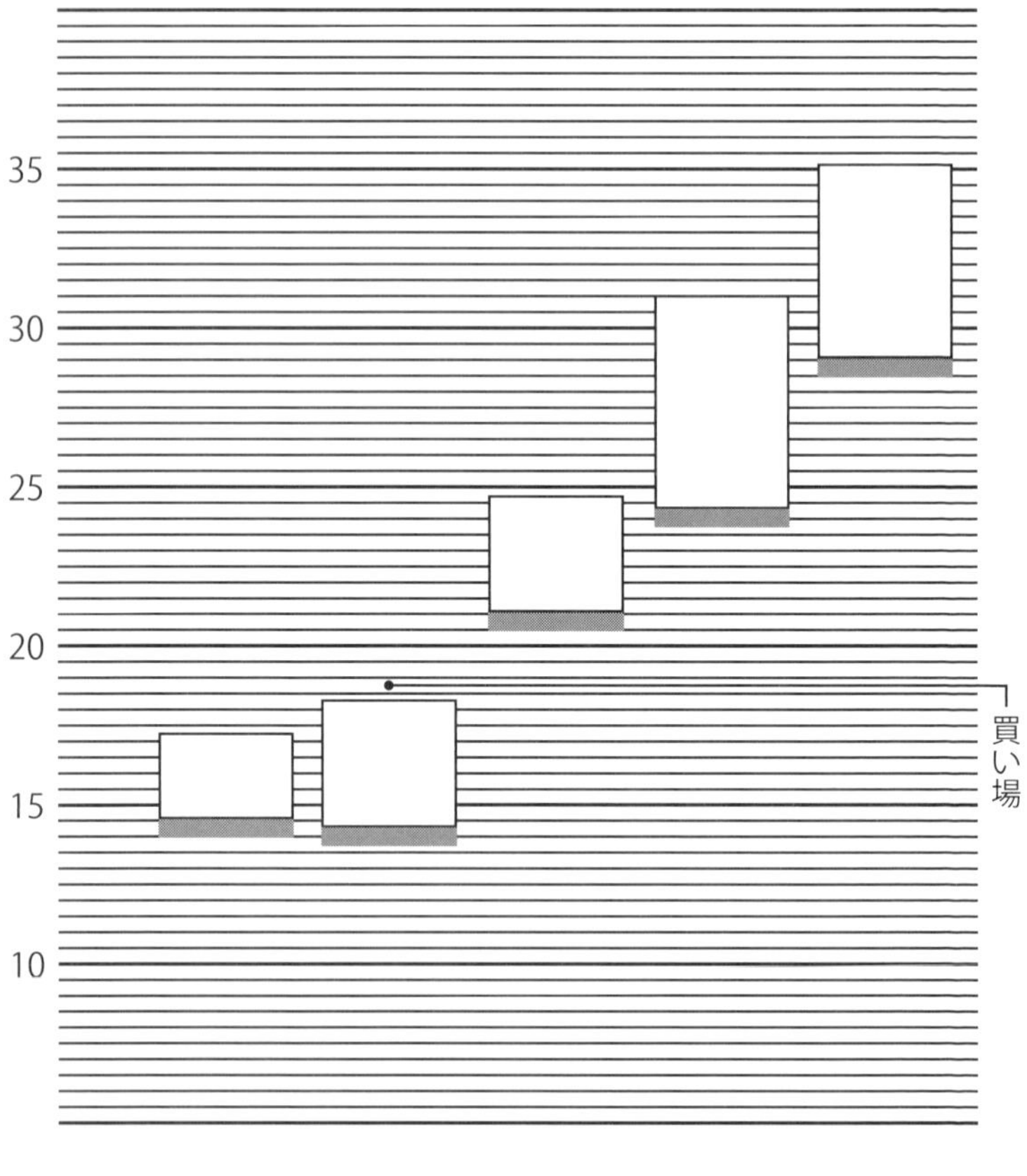

ダーカード© の買いの指標

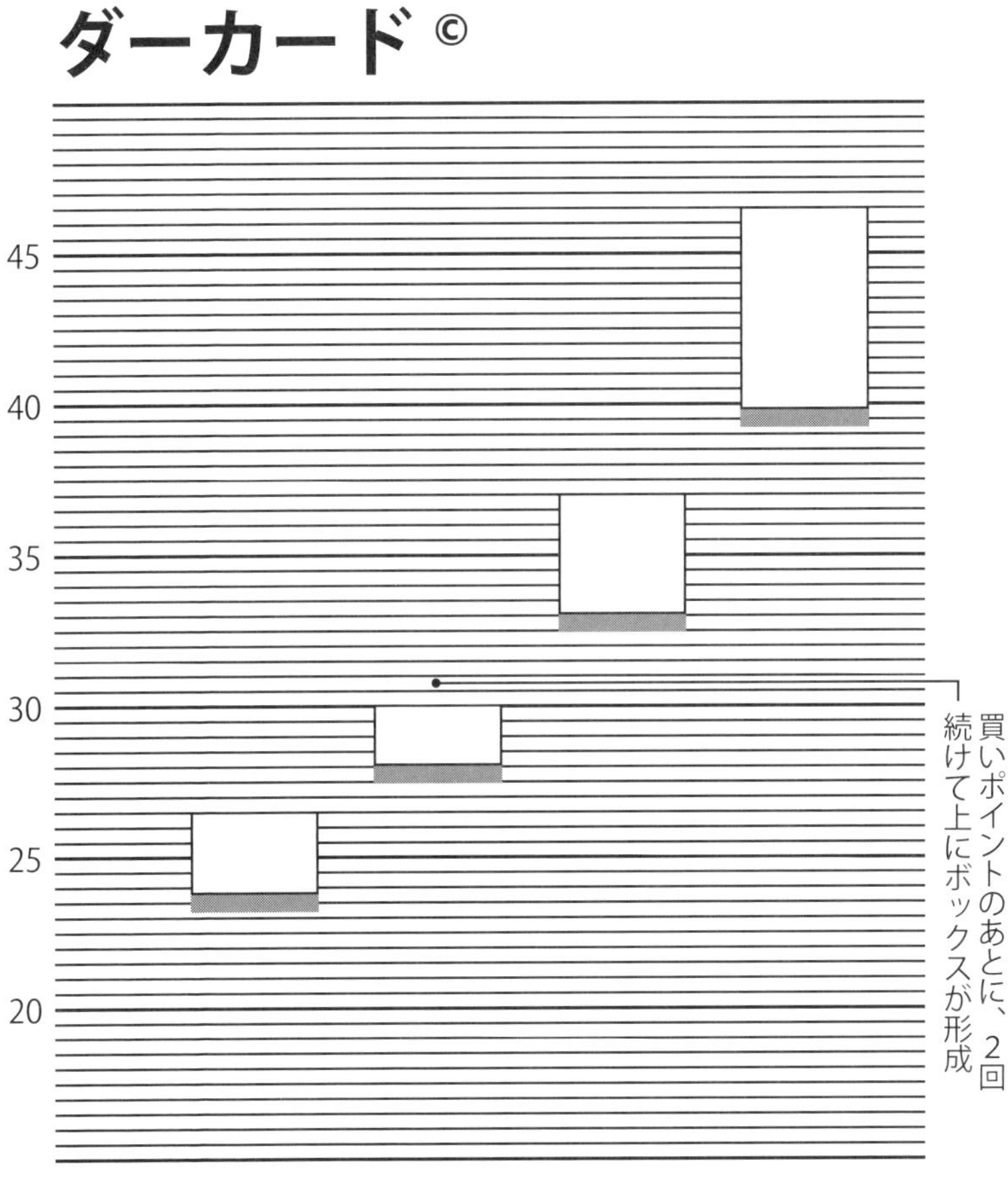

ダーカード©

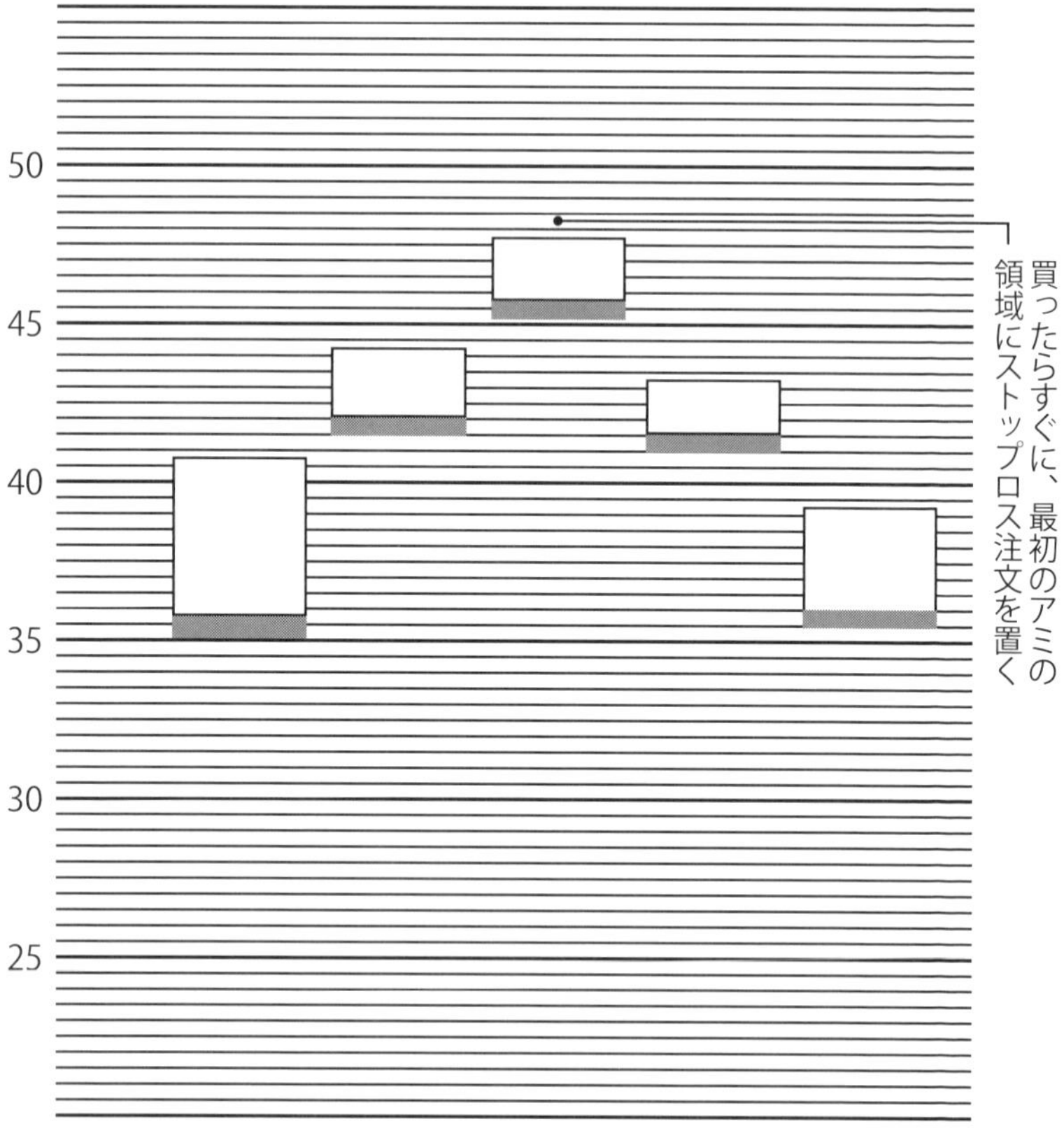

ダーカード©

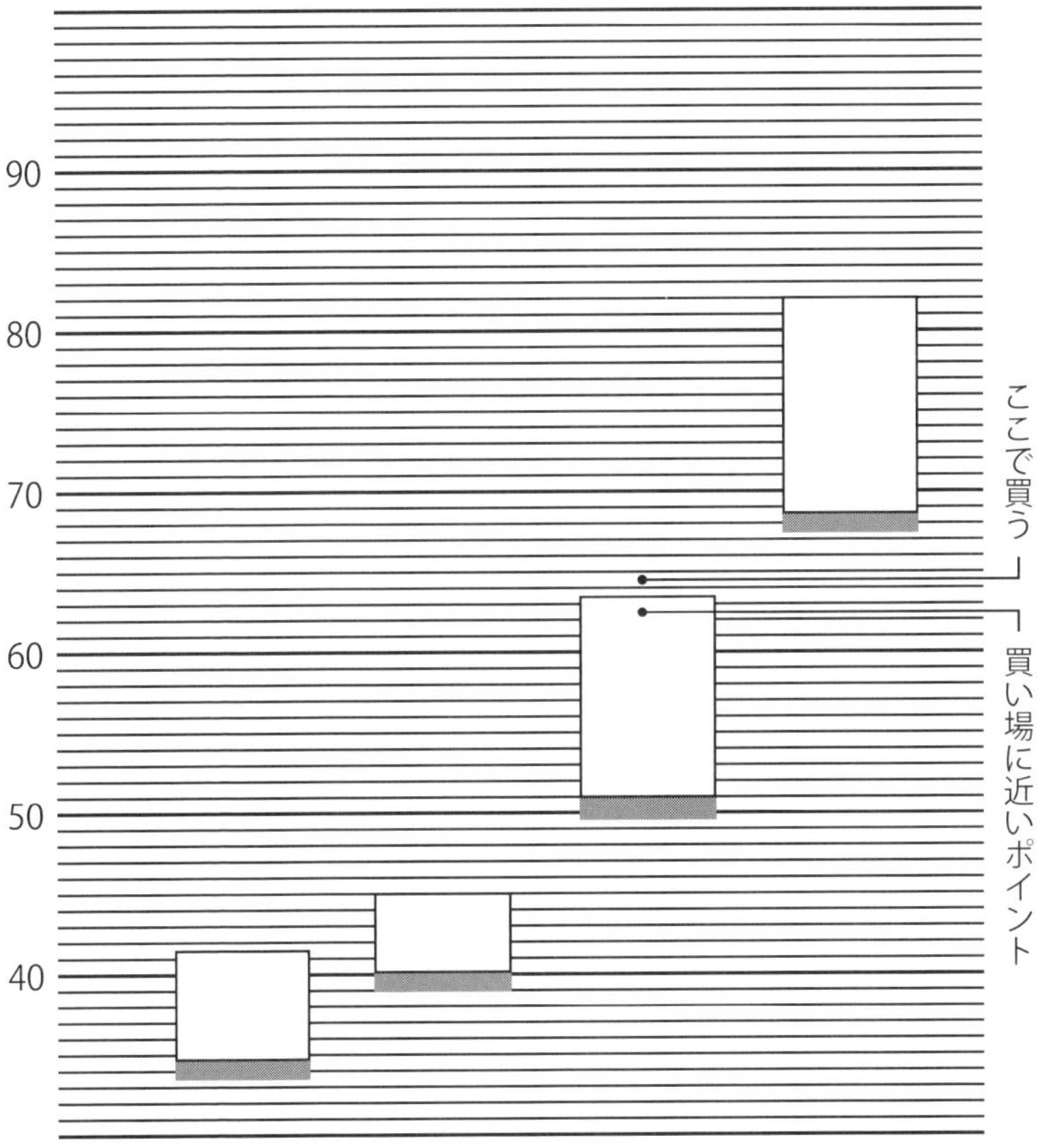

自分で検証しよう！

一九七六年に大きく上げた左の銘柄は、一九七七年にどういう動きをするだろうか。上げるだろうか、それとも下げるだろうか。

Ａ＆Ｊインダストリーズ・アドレサグラフ
アーマンズ
アムバック
アムコード
アメリカン・ブロードキャスティング・カンパニー
アムグニスト
アシュランド・オイル
オートマインド
オートマティック・データ
ボーイング

セントロニク・データ
データ・ゼネラル
デジタル・イクイップメント
ゼネラル・モーターズ
マクダーモット
マクドナルド
サンタフェ・インターナショナル
サンドストランド

■著者紹介

ニコラス・ダーバス（Nicolas Darvas）

ショービジネスの世界で最もギャラの高いペアダンサーの１人。幾多の苦労の末、マーケットの上昇や下落に関係なく機能するボックス理論を構築し、株式市場で200万ドル以上の利益を上げて資産家になった伝説の人物。著書に『私は株で200万ドル儲けた』『金融市場はカジノ』（パンローリング）などがある。

■監修者紹介

長岡半太郎（ながおか・はんたろう）

放送大学教養学部卒。放送大学大学院文化科学研究科（情報学）修了・修士（学術）。日米の銀行、CTA、ヘッジファンドなどを経て、現在は中堅運用会社勤務。全国通訳案内士、認定心理士。『先物市場の高勝率トレード』『アセットアロケーションの最適化』『「恐怖で買って、強欲で売る」短期売買法』『トレンドフォロー戦略の理論と実践』『フルタイムトレーダー完全マニュアル【第３版】』『T・ロウ・プライス――人、会社、投資哲学』のほか、訳書、監修書多数。

■訳者紹介

山口雅裕（やまぐち・まさひろ）

早稲田大学政治経済学部卒業。外資系企業などを経て、現在は翻訳業。訳書に『フィボナッチトレーディング』『規律とトレンドフォロー売買法』『逆張りトレーダー』『システムトレード　基本と原則』『一芸を極めた裁量トレーダーの売買譜』『裁量トレーダーの心得　初心者編』『裁量トレーダーの心得　スイングトレード編』『コナーズの短期売買戦略』『続マーケットの魔術師』『アノマリー投資』『シュワッガーのマーケット教室』『ミネルヴィニの成長株投資法』『高勝率システムの考え方と作り方と検証』『コナーズRSI入門』『３％シグナル投資法』『成長株投資の神』『ゾーン　最終章』『とびきり良い会社をほどよい価格で買う方法』『株式トレード　基本と原則』『金融市場はカジノ』『「恐怖で買って、強欲で売る」短期売買法』（パンローリング）など。

2019年12月３日　初版第１刷発行

ウィザードブックシリーズ㉘⑨

「株で200万ドル儲けたボックス理論」の原理原則
――いつ買い、いつ売るかを教えてくれるダーカード

著　者　ニコラス・ダーバス
監修者　長岡半太郎
訳　者　山口雅裕
発行者　後藤康徳
発行所　パンローリング株式会社
〒160-0023　東京都新宿区西新宿7-9-18　6階
TEL 03-5386-7391　FAX 03-5386-7393
http://www.panrolling.com/
E-mail　info@panrolling.com
編　集　エフ・ジー・アイ（Factory of Gnomic Three Monkeys Investment）合資会社
装　丁　パンローリング装丁室
組　版　パンローリング制作室
印刷·製本　株式会社シナノ

ISBN978-4-7759-7258-8

ウィザードブックシリーズ 245

新装版
私は株で200万ドル儲けた

ニコラス・ダーバス【著】

定価 本体1,500円+税　ISBN:9784775972144

多くの熱い読者からの要望で新装版で復刊！

今なお読み継がれ、今なお新しい株式投資の名著。業界が震撼したボックス理論！ 個人投資家のダンサーがわずかな資金をもとに株式売買で200万ドルの資産を築いた「ボックス投資法」。本書は、株式市場の歴史に残る最も異例で、輝かしい成功物語のひとつである。ダーバスは、株式市場の専門家ではなく、世界中を公演して回るような、ショービジネス界の世界では最も高いギャラを取るダンサーだった。しかし、株式売買の世界に足を踏み入れ、世界中から電報や郵便などの通信手段を駆使して、百万長者の数倍もの資産を築いた。

ウィザードブックシリーズ 276

金融市場はカジノ
ボックス理論の神髄と相場で勝つ方法

ニコラス・ダーバス【著】

定価 本体1,800円+税　ISBN:9784775972458

値動きだけを見る！ ダーバスのやり方のすべてが詰まっている

本書では初心者が陥る典型な失敗例が多く示されている。読者はこれを読んで大切な資金を減らうような回り道をしなくてすむだろう。また、ダーバスの自身の経験に基づいて、「どの銘柄を買えば利益を得られそうか」という極めて関心度の高い問いに明確な答えを出してくれている。また、勝つ確率を高めてリスクを減らす方法やストップロス注文を置くことの大切さを、巨額の利益を得て、なおかつその利益を失わないために考案した貴重な手法も明らかにしている。読者は、今なお色あせないダーバスの手法のすべてを、本書で学ぶことができるだろう！

ウィザードブックシリーズ 246

リバモアの株式投資術

ジェシー・ローリストン・リバモア【著】

定価 本体1,500円+税　ISBN:9784775972151

リバモア自身が書いた唯一の相場書
順張りの極意が待望の復刊

20世紀初頭、トレードの世界で大勝利と破産を繰り返した相場師ジェシー・リバモア。リバモアは、厳しく徹底したルールを自らに課し、外からの情報には一切流されず、自身の分析のみで相場に挑む孤高の相場師であった。何年もかかって独力で作り上げた投機のルールとそれを守る規律だけでなく、破産に至った要因、その分析と復活を成し遂げた軌跡は、その後の多くの投資家・トレーダーたちに大きな影響を与えた。リバモアを知りたければ、まずは本書を手に取るべきだろう。

ウィザードブックシリーズ 288

T・ロウ・プライス
人、会社、投資哲学

コーネリウス・C・ボンド【著】

定価 本体2,800円+税　ISBN:9784775972571

チームワークとリサーチを重視する顧客本位な資産運用会社を創設

著者は、ティー・ロウ・プライスにテクノロジーアナリストとして入社し、プライス本人の近くで約10年間働いた。ボンドは、その特権的立場にいたことで、長年、平均以上のリターンを上げてきた成長株投資の概念を生み出したプライスの考え方について独自の見方をするようになった。本書は、プライスとの個人的な関係や、会社や個人で所有しているたくさんの未公開書類に基づいて、成長株投資が投資の世界に旋風を巻き起こした経緯を明かしている。また、本書を読めば平均的な投資家でも今日、この戦略の恩恵を受けるヒントが随所に見つかるだろう。

ウィザードブックシリーズ75

狂気とバブル

なぜ人は集団になると愚行に走るのか

チャールズ・マッケイ【著】

定価 本体2,800円+税　ISBN:9784775970379

「集団妄想と群衆の狂気」の決定版!

昔から人は荒唐無稽な話にだまされ、無分別なヒステリー症にかかってきた!「いつの時代にも、その時代ならではの愚行が見られる。それは陰謀や策略、あるいは途方もない空想となり、利欲、刺激を求める気持ち、単に他人と同じことをしていたいという気持ちのいずれかが、さらにそれに拍車を掛ける」——著者のチャールズ・マッケイは1841年にこう述べている。当時は確かにそうだった。しかし、1980年代後半の日本の株式市場や2000年のアメリカ株式市場のITバブルを見れば、現代も間違いなくそうだろう。

ウィザードブックシリーズ264

新訳 バブルの歴史

最後に来た者は悪魔の餌食

エドワード・チャンセラー【著】

定価 本体3,800円+税　ISBN:9784775972335

「バブル」という人間の強欲と愚行と狂気を描いた古典!

本書は17世紀から現在に至るまでの株式市場における投機の歴史を生き生きと描き出したほかに類を見ない魅力的な書である。投機の精神の起源を古代ローマにまでさかのぼり、それが近代世界によみがえった様子を年代順に、分かりやすくまとめている。金メッキ時代から狂騒の1920年代、19世紀の鉄道狂時代から1929年のウォール街大暴落、ジャンクボンド王のマイケル・ミルケンに代表されるカウボーイキャピタリズムや、日本のバブルであるカミカゼ資本主義、現代の情報時代に生まれたデイトレーダーまで、いつの時代にも存在した、またこれからも存在するであろう人間の飽くなき強欲と愚行と狂気の結末を描いた興味深い1冊!

ウィザードブックシリーズ238

株式投資で普通でない利益を得る

フィリップ・A・フィッシャー【著】

定価 本体2,000円+税　ISBN:9784775972076

成長株投資の父が教える バフェットを覚醒させた20世紀最高の書

フィリップ・フィッシャーは、投資業界で、だれよりも広く尊敬され、称賛されている史上最も影響力のある投資家である。約60年前に書かれた本書は、今日でも金融業界の最先端にいる最高峰のプロが学び、それらを応用しているだけでなく、多くの人が投資の福音書としてあがめたて続けている。彼の投資哲学を記した本書は、1958年に出版されて以来、一貫して非常に有益な書籍と評価されており、今日では、ベンジャミン・グレアムの著作とともに、投資業界の必読書との名をほしいままにしている！

ウィザードブックシリーズ226

アメリカ市場創世記

1920-1938年大恐慌時代のウォール街

ジョン・ブルックス【著】

定価 本体2,200円+税　ISBN:9784775971932

ウォール街が死んだ日の迫真のノンフィクション。歴史を見れば、未来が見える

ビジネス作家のなかでも傑出した一人であるジョン・ブルックスが、史上最もよく知られた金融市場のドラマである1929年の世界大恐慌とその後遺症の雰囲気を完璧に伝えているのが本書である。遠い昔々のことと思っている現代の読者にとっても身近で興味深い話題が満載されている。本書は戦争をはさんだ時代に起きたウォール街の盛衰と痛みを伴う再生を描いた劇的な年代記だ。この時代に生きた最も印象的なトレーダー、銀行家、推進者、詐欺師の人生と運命に焦点を当て、好景気にわいた1920年代の貪欲、残忍さ、見境のない高揚感、1929年の株式市場の大暴落による絶望、そしてそのあとの苦悩を生き生きと描き出している。